ネイティブにスッと伝わる
英語表現の
言い換え700

キャサリン・A・クラフト

里中哲彦〔編訳〕

青春新書
INTELLIGENCE

はじめに

　日本人英語の問題点はどこにあるのでしょうか。

　気がついたことを小まめにメモ書きしているのですが、全体をあらためて眺めると、口語表現に関するものが圧倒的に多いのに気づかされます。

1．「話し言葉」と「書き言葉」の区別がついていない。
2．日常よく使われる「熟語」や「慣用句」を知らない。
3．自分の気に入った口語表現を使うだけで満足してしまっている。

　これらが日本人英語の弱点でしょう。

　本書はそうした問題点を俎上にあげ、ネイティブの立場から、こうしたらどうでしょう、と約700フレーズを提案させていただいております。

　PART I では、「覚えておくと便利なフレーズ」にフォーカスします。ここであげたフレーズを身につけておけば、きっと英語力アップにつながると確信しています。とくにここはくりかえし音読をしてください。

　PART II では、「日本人とネイティブの発想の違い」について述べます。日本人の発想をそのまま英語にしても伝わらないことが多々あります。ここではネイティブの発想を学んでいただきます。

　PART III では、「学校では教えてくれない慣用句」の用法についてお話しします。日常会話で頻繁に用いられているのに、

どういうわけか取り上げられることのない慣用句をあつめました。役立つ表現がきっとあるはずです。

　PART IVでは、口語表現に欠かせない「英単語」の講義をします。単語の知識が深まるだけでなく、実際に使ってみたくなるはずです。

＊　＊　＊

　本書の編集を手がけてくださったのは、前著『日本人が言えそうで言えない英語表現650』と同様、中野和彦さんです。相変わらずのテキパキさで、出版までの段取りをうまくつけてくださいました。それから、翻訳の里中哲彦さん。言葉の微妙なニュアンスをちゃんと拾いあげて日本語に訳してくれました。お二人に心より感謝します。

キャサリン・A・クラフト

〔追記1〕
　英文の前に✕とあるのは明らかに誤った文、❓は伝わるかもしれないがネイティブにとっては不自然な文、😊は間違ってはいないけれど、時と場合によってはぎこちなく、使い方によっては場違いに感じられる文であることを示します。

〔追記2〕
　本文中で使っている「ネイティブ」や「ネイティブスピーカー」は、native speakers of English（英語を母語にしている者）のことですが、日本ではすでに一般的になっているため、この表記にしたがいました。

目　次

PART I

言い換えるときにきっと役立つ！
覚えておくと便利な英語フレーズ

PART II

英語を話すときに知っておきたい
日本人とネイティブの発想の違い

PART III

学校では教えてくれない
ネイティブが会話でよく使う慣用句

当たり！

本文DTP／センターメディア
イラスト／秋葉あきこ

言い換えるときにきっと役立つ！

覚えておくと便利な英語フレーズ

お忙しいところ
恐縮ですが…

（贈り物をもらったときなどに）
「そんな気をつかってくれなくてもよかったのに」

日本人が言いがちな英語
☺ Thank you for your kindness.

ネイティブ流イングリッシュ
👍 **You shouldn't have.**

　贈り物をもらったときによく使う表現ですが、一見して、何を伝えようとしているのかわからないという読者もいらっしゃるのではないでしょうか。

　じつはこれ、shouldn't have + 過去分詞（〜すべきではなかったのに）の過去分詞が省略された文なのです。

◆ **You shouldn't have bothered.**

　（そんな気をつかってくれなくてもよかったのに）

　＊bother「（あれこれ）気をつかう／気にかける」

◆ **You shouldn't have gone to all that trouble.**

　＝ **You shouldn't have gone to so much trouble.**

　（ずいぶんお手間をとらせてしまいましたね）

　＊go to all that trouble「いろいろと手間をかける」

〈You shouldn't have.〉は、これらの文の過去分詞以下が省略されて短くなったものだったのです。まったく予期していなかったので戸惑いがあるがうれしい、というニュアンスを感じとってください。

　日本人も感謝と軽い戸惑いをあらわして、以下のように言うことがありますね。

「わざわざご丁寧に（すみません）」

「そんなことしてくれなくてもいいのに」

「かえって悪いわね」

　そうした表現にあたるのが、〈You shouldn't have.〉という表現なのです。

　発音に気をつけてください。〈shouldn't have〉の部分は、〔シュドゥント・ハヴ〕と1語1語切って発音するのではなく、まとめて〔シュドゥンタヴ〕のように読みます。

◆ **A：Here.**

（これ）

B：What is it?

（何これ？）

A：I bought this in France for you.

（フランスのおみやげ）

B：Oh, my gosh! Real Champagne! Oh, you shouldn't have! Thanks so much.

（わぁ、びっくり！ 本物のシャンパンね！ こんなことしてくれなくてもよかったのに！ どうもありがとう）

　この〈You shouldn't have.〉は、まさか大好きなフランス産のシャンパンを持ってきてくれるとは思ってもいなかったので、驚いているがたいへんうれしい、というニュアンスで用いられています。

「歩いてすぐ（のところ）ですか？」

😅 Is it within a walking distance?

👍 **Is it a short walk?**

　急に雨が降ってきたのでタクシーをつかまえようとしたら、あいにく1台も見あたりません。そんなときは、次のようにつぶやいて歩きだします。

◆ **I guess I'll have to walk.**

　（しょうがない、歩くとするか）

　＊〈I guess I'll have to ...〉は、消極性や迷いをあらわして、「（しかたないけど）……するとしよう」という意味で用いられます。

　しかし、知らない場所へはじめて行くとなったら、問題は歩く距離と時間です。歩いてすぐのところにあるのか。それともかなり歩くのか。

◆ **A：Need some help?**

　　　（どうかしました？）

　B：I'm looking for the YK Hotel.

　　　（YKホテルへ行きたいのですが）

　A：It's that way.

　　　（あっちです）

　B：Is it a short walk?

　　　（歩いてすぐのところですか？）

　A：Yes.

　　　（ええ）

ここでみなさんに習得してほしいフレーズは次の2つです。

短いうえに、とてもよく使われている便利な表現です。

◆ **It's a short walk.**（歩いてすぐです）

◆ **It's a long walk.**（かなり歩きますよ）

short（短い）と long（長い）という2つの形容詞を、walk（道のり／歩行時間／歩行距離）という名詞につけるだけでよいのです。

◆ **A : Is it a long walk?**

（かなり歩きますか？）

　B : No. It's a short walk from here.

（いいえ。ここから歩いてすぐですよ）

では、「歩いて10分のところにある」を英語にしてみましょう。

◆ **It's a ten-minute walk.**

このように形容詞のところを ten-minute（10分の）に替えるだけでいいのです。「10分」という名詞では複数の〈s〉をつけますが、「10分の」という形容詞として用いる場合は、ハイフンで結んで ten-minute とします。

◆ **The restaurant is about a ten-minute walk from the station.**

（そのレストランでしたら、駅から徒歩10分ぐらいです）

次は、「そこでしたら、駅に直結しています」を言いあらわしてみましょう。

◆ **It's directly connected to the station.**

＊be connected to A「Aにつながっている」

ここでは、やはり「Aに直結している」という慣用句を覚えないといけません。

「そこだったら、あのコンビニの手前にあります」

(日本人が言いがちな英語)

✕ It's in front of that convenience store.

(ネイティブ流イングリッシュ)

👍 It's just [right] before that convenience store.

　ここでは、道案内をするときの「位置関係」について学びましょう。"in front of"は「〜の前に」です。中学生のころに習ったイディオムですね。ひとつ例文を出しておきましょう。

◆ Let's meet in front of Hachiko.

（ハチ公の前で待ち合わせしましょうよ）

　"in front of"には「〜の前あたり」という漠然としたイメージがあります。

　しかし、通りを隔てて向かい合うものを示す場合は、"in front of"ではなく、opposite / across (the street) from のどちらかを用います。

◆ A Canadian family moved into the house opposite ours.

（カナダ人家族がうちの向かいに引っ越してきた）

　＊opposite「〜に向かい合って」（〔**ア**パジィット〕と発音します）

◆ The bakery is right across from my apartment.

（そのパン屋ならうちのアパートの前だよ）

　さて、道をたずねられて、そこだったらと方向を指さしながら、「……の手前にあります」ということがありますね。そんなときネイティブは、〈It's before ...〉というフレーズを用います。方向を指し示しながら、こんなふうに言います。

◆ **It's that way. It's just before that convenience store.**

（あっちの方向です。あのコンビニの手前です）

＊before A「Aの手前に／Aの前に」

「……の先にあります」なら、次のように言います。

◆ **That way. Can you see the McDonald's? It's just after that.**

（あっちです。あのマックが見えますか？ あの先です）

「……の隣にあります」なら、次のようになります。

◆ **It's just next to the gas station. It's about five minutes from here.**

（ガソリンスタンドの隣にあります。ここからだと5分ぐらいですね）

＊next to A「Aの隣に」

以上のことをまとめておきます。強調のためにしばしば just / right を伴います。

・It's just[right] <u>before</u> A.「Aの手前にあります」
・It's just[right] <u>after</u> A.「Aのすぐ先にあります」
・It's just[right] <u>next to</u> A.「Aの隣にあります」
・It's just[right] <u>in front of</u> A.「Aの前にあります」
・It's just[right] <u>opposite</u> [across from] A.「Aの（通りを隔てた）真向かいにあります」

「お忙しいところ恐縮ですが、
　……していただけませんか？」

日本人が言いがちな英語

✕ Sorry it's a busy time for you, but could you ... ?

ネイティブ流イングリッシュ

👍 I know you're busy, but could you ... ?

　頼みごとをしたい。しかし、相手はなんだか忙しそう。そんなときに切りだす、いわば殺し文句です。

　いきなり Could you ...?（……していただけませんか？）とやるよりも、I know you're busy, but could you ...?（お忙しいのは承知していますが、……していただけませんか？）とするほうがずっと丁寧に聞こえます。相手の受ける印象もだいぶ違うはずです。

◆ **I know you're busy, but could you check and correct my English?**

（お忙しいところ恐縮ですが、私の英語を添削してもらえませんか？）

　会社の同僚や部下に対しても、〈I know you're busy, but could you ...?〉と始めれば、ずいぶんソフトな感じになります。

◆ **A：I know you're busy, but could you copy these reports for me?**

（忙しいところ悪いんだけど、この報告書をコピーしてもらえないかな？）

　B：No problem. How many copies should I make?

（いいですよ。何部コピーしますか？）

　A：Could I get seven copies on A4 paper, please?

（Ａ４で７部、お願いできる？）

B：Sure.

（わかりました）

＊No problem.「お安いご用です」（依頼に対する返答として用います）

　Sorry to bother you, but could you ...?（お手をわずらわせて申し訳ありませんが、……していただけませんか？）という言いまわしも丁寧な依頼表現です。あくまでも相手に断る余地を与える、やわらかなフレーズと言えます。

◆ **Sorry to bother you, but could you give me the breakdown of products sold last month?**

（お忙しい中、すみません。先月の売れた商品の内訳を教えてもらえませんか？）

＊breakdown「明細（書）／詳細／内訳」

◆ **A：Sorry to bother you, but could you give me some advice?**

（お忙しいところ悪いのですが、助言をいただきたいのですが？）

B：Sure. About what?

（いいよ。どんなこと？）

「がんばらないと、成果は出せないぞ」

日本人が言いがちな英語

😊 If you work hard, you'll get results.

ネイティブ流イングリッシュ

👍 **No pain, no gain.**

　めげている人を励ますときの表現です。「苦労なしには儲けもなし」が文字どおりの意味です。pain（苦労）と gain（利益）が韻を踏んでいるので覚えやすいでしょう。

　辞書には「苦は楽の種／骨折りなければ利得なし／虎穴に入らずんば虎子を得ず」などという訳文が出ていますが、うーん、もっとカジュアルな感じで使います。

「努力しないと、成果は出ないぞ」

「上達したければ、もっと練習しなさい」

「がんばれば、きっといいことがあるよ」

　このようなニュアンスで用いてみましょう。要するに、「棚からボタモチは落ちてこない」ということを伝えているのです。

◆ **A：Coach, can't we call it a day?**

　　（コーチ、きょうはもうこれくらいにしませんか？）

　B：No pain, no gain. One more set of bench presses.

　　（がんばらないと、いいことはないぞ。ベンチプレスをもうワンセットだ）

＊call it a day「きょうはこれでおしまいにする」

　No 〜 , no ...（〜なくして……なし）はたいへん使用頻度の高いフレーズです。応用表現を並べてみましょう。

◆ **No rain, no grain.**

　（雨なくして穀物なし）

◆ **No challenge, no change.**

（挑戦なくして変化なし）

◆ **No justice, no peace.**

（正義なくして平和なし）

◆ **No shirt, no shoes, no service.〔No exceptions.〕**

（シャツを着ていない方、靴を履いていない方はお断り〔例外は認め
ません〕）

とりわけ、No 〜 , no life.（〜なくして、何の人生かな）
というフレーズは好んで使われる言いまわしです。

◆ **No beer, no life.**

（ビールなくして、何の人生かな）

◆ **No coffee, no life.**

（コーヒーなくして、何の人生かな）

◆ **No wine, no life.**

（ワインなくして、何の人生ぞ）

◆ **No cats, no life.**

（ネコのいない人生なんて）

◆ **No baseball, no life.**

（野球なくして、何の人生だろう）

◆ **No music, no life.**

（音楽のない人生なんて考えられない）

◆ **No you, no life.**

（キミのいない人生なんて考えられない）

「早く会いたいなあ」

日本人が言いがちな英語
😅 I'm looking forward to seeing you soon.

ネイティブ流イングリッシュ
👍 **Can't wait to see you.**

「待ちどおしい」という気持ちを伝えようとするとき、日本人はbe looking forward to ...*ing*（〜するのを楽しみにしている）というイディオムを使う傾向があります。ビジネスメールやフォーマルな場所で使うのはいいのですが、ウキウキ感が出ていませんね。

「待ちどおしい」という気持ちを、ネイティブは次のようなフレーズで言いあらわします。

◆ **(I) Can't wait!**

（もう待ちきれない！）

◆ **(I) Can hardly wait!**

（楽しみ！）

＊hardly「ほとんど……ない」

このように、ひじょうに楽しみだという感情を、"wait"という動詞を否定して言いあらわそうとするのです。

後ろに名詞をおきたいときは、〈I can't wait for[until] A./ I can hardly wait for[until] A.〉のようにします。

◆ **I can't wait for Christmas!**

（早くクリスマスが来ないかなあ！）

◆ **I can't wait until my birthday!**

（誕生日が待ちどおしいなあ！）

◆ **I can hardly wait till we graduate!**

（卒業する日が楽しみだ！）

◆ **I can hardly wait for summer vacation!**

（夏休みが待ちきれない！）

　後ろに動詞をおきたいときは、〈I can't wait to ... / I can hardly wait to ...〉になります。意味は「……するのを待ちきれない」ですが、「……するのが待ちどおしい／早く……したいよ」というニュアンスを感じとってください。

◆ **I can't wait to see you this weekend.**

（週末に会えるのを楽しみにしているよ）

◆ **I can hardly wait to try that new restaurant.**

（あの新しいレストランに早く行ってみたいな）

◆ **I can hardly wait to get the computer I ordered.**

（注文したパソコン、早く届かないかなあ）

　では、ここで問題です。

◆ **It can wait.**

　この英文の意味がわかりますか。主語に注目してください。「それはあとでいい」というときに用います。

◆ **A : Can I talk to you, Mike?**

　　（マイク、話があるんだけど）

　B : Can't it wait?

　　（あとにできない？）

　この "wait" は、「(物・事が) あとまわしにできる」の意味で用いられています。

「どっちでもいいです」

😅 Whatever you want would be great.

👍 **I'm easy (to please).**

　素敵な恋人ができました。その彼（彼女）に、Would you like Italian or sushi for dinner?（夕食はイタリアンとお鮨、どっちがいい？）と聞かれました。あなたは彼（彼女）と一緒にいられるならどちらでもいい。そこで、こう言います。

◆ **Whatever you want would be great.**

（あなたが望むものならなんでもうれしいです）

　はっきり言って、堅苦しく、他人行儀っぽく聞こえます。

　そこで私の学生たち（大学生と予備校生）に聞いてみると、意外にも、以下の答えが多かったのです。

◆ **I'll leave it up to you.**

（お任せします）

＊leave A (up) to B「AをBに任せる／AをBに委ねる」

◆ **It's up to you to decide.**

（あなたが決めて）

＊It's up to you to ...「……はあなたしだいだ」

　いずれも大学受験期に習うイディオムです。OKです。いずれも自然な表現です。

　しかし、いまからここで取りあげようとするフレーズを使った人はひとりもいないのが残念でした。

　こんなときネイティブならどう応じるでしょうか。

◆ I'm easy.

（どっちでもいいよ）

このように言うのが、フランクでオシャレ。

◆ A：I hope you like this new egg recipe.

（この新しい卵料理、気に入ってくれるといいんだけど）

B：Don't worry. I'm easy.

（心配ご無用。僕はうるさくないから）

とはいえ、この表現は学生たちにとって納得がゆきかねるようでした。聞けば、「"easy" という単語は人を主語にして用いることはない」と学校で教わったとか。

〈I'm easy.〉は〈I'm easy to please.〉を短くしたもので、つまり「私を喜ばせるのは簡単／自分にはこだわりがない」（= It's easy to please me.〉の意味なのです。

注意してほしいのは、異なった文脈で〈I'm easy.〉や〈She's easy.〉とだけ言うと、「尻軽女だ／ふしだらだ／身持ちの悪い女だ」を含意してしまう点です。

またしても、「とはいえ」なのですが、これがだんだん親しくなってくると、なれなれしさも度を増してくるようです。

◆ A：Italian or Chinese?

（イタリアン、それとも中華？）

B：Whatever.

（なんでもいいよ）

言い方にもよりますが、〈Whatever.〉とだけ言うと、「どうでもいい／なんでもいい／興味ない」といった投げやりなニュアンスが色濃く出てしまいますのでご注意を。

「なんと言っても結婚生活で最も肝心なのは愛情よ」

日本人が言いがちな英語

😕 In marriage, the most important thing is love.

ネイティブ流イングリッシュ

👍 **The name of the game in marriage is love.**

「勝負のカギを握っているのは……だ」とか、「肝心なのは……である」と言いたいときに用いられるのが、〈The name of the game is ...〉というフレーズです。おそらく多くの読者は、このリズミカルな表現を映画やドラマなどで耳にしたことがあるでしょう。

◆ **That's the name of the game.**

（それが肝心なんだよ）

相手が述べたことに強く同意したり、自分の指摘したことが本質的であることを確認させるときに、ネイティブがよく口にする言いまわしです。

「それがゲームの名前なんだ」が文字どおりの意味です。ゲームの名はゲームの顔で、「最も大事なところ」や「肝心なポイント」を示唆しています。そこで、〈the name of the game〉は「本質／最も重要な点／いちばん考慮すべき点／眼目」を意味するようになりました。

◆ **In professional sports, winning is the name of the game.**

（プロスポーツの世界では、勝つことがすべてだ）

◆ **In business, integrity is the name of the game.**

（ビジネスでは、誠実であることが問われているんだ）

＊integrity「誠実さ／高潔さ／品位」

◆ **Popularity is the name of the game in television.**

（テレビの世界では、人気がすべてを左右する）

◆ **Speaking of herd immunity, mass vaccination is the name of the game.**

（集団免疫ということで言えば、多くの人たちのワクチン接種が肝要だ）

＊speaking of A「Aについて言えば」（= talking of A）

＊herd「群れ／大衆」（"hear"の過去形である"heard"と発音が同じ）

＊immunity「免疫」（〔イミューニティ〕と発音します）

＊vaccination「ワクチン接種」（ちなみに、vaccineは〔ワクチン〕ではなく、〔ヴァク**スィー**ン〕と発音します。アクセントの位置は後ろです）

この言いまわしを主語の位置に据えて言いあらわすこともよくあります。

◆ **The name of the game in Japan is social obligation.**

（日本で暮らしていくうえで最も肝心なのは、つき合いというものだ）

＊social obligation「社交上の義務」

◆ **Patience is the name of the game when it comes to the stock market.**

（株式市場の世界では、とにかく我慢強さがものをいう）

＊when it comes to A「Aのこととなったら」

「ひとりごとを言う癖があるんだ」

日本人が言いがちな英語

✕ I have a custom of talking to myself.

ネイティブ流イングリッシュ

👍 **I have a habit of talking to myself.**

"custom"は「(社会的な)慣習/風習」であり、"habit"は「(個人的な)習慣/癖」です。したがって、「……する癖がある」という場合は、"habit"という単語を使います。

◆ **A : Did you say something?**

（何か言った？）

B : No, ... I mean yes. I have a habit of talking to myself.

（いや……じゃなくて、うん。僕はひとりごとを言う癖があるんだ）

＊talk to oneself「ひとりごとを言う」

自分の癖を伝えたり相手の習慣を知ることで、親近感は増します。今回は、I have a habit of ...*ing*.（……する癖がある）という言いまわしを覚えましょう。

✕ **I have a habit to** *do*.

✕ **I have a habit with** ...*ing*.

このような英文を言う人をしばしば見かけますが、

◯ **I have a habit of** ...*ing*.

とします。この "of" は「同格の "of"」と言われるもので、"habit"と"...*ing*"以下がイコールの関係にあるのです（"habit"の内容を"...*ing*"以下があらわしています）。おもにネガティブな癖（やめたいと思っている習慣）に言及するときに用います。

◆ **I have a habit of repeating myself.**

（おんなじことを言う癖があるのよ）

＊repeat oneself「（１度言ったことを忘れて）同じことをくりかえして言う」

◆ **She has a habit of leaving the lights on.**

（電気をつけっぱなしにしてしまう癖がある）

◆ **A：I have a habit of staying up late.**

（ついつい夜更かしをしてしまうんだ）

B：I'm trying to kick that habit myself.

（私もその習慣をやめようと思っているんだけどね）

＊kick「（習慣を）断ち切る」

　あわせて、be in the habit of ...*ing*（……する習慣が身についてしまっている）という慣用句も覚えましょう。

◆ **I'm in the habit of eating something sweet after dinner.**

（夕食のあとに甘いものを食べる習慣があるんだ）

◆ **I'm in the habit of eating a bedtime snack.**

（夜食を食べる習慣があります）

◆ **I'm in the habit of reading before bed.**

（寝る前に読書をするのが習慣でしてね）

「ご結婚おめでとうございます！」

日本人が言いがちな英語

✗ Congratulation on your wedding!

ネイティブ流イングリッシュ

👍 **Congratulations on getting married!**

「おめでとう！」はかならず複数形にしてあらわします。"Congratulation!"とすることはありません。

◆ **Congratulations!**

（おめでとう！）

むしろ、最後の〈s〉の音が聞こえるように意識的に発音します。以下の2つの文をごらんください。

◆ **Thanks.**（どうも）

◆ **Many thanks.**（どうもありがとう）

いずれの "thanks" も複数形の名詞です。"thank" と単数形で言うことはありません。

カードや手紙の最後で、次のような一文を添えることがあります。

◆ **Best wishes!**

（お幸せに！）

＊wishes「祈る気持ち／祝福する気持ち」

◆ **Give my best regards to your family.**

（ご家族の皆さんによろしくお伝えください）

＊regards「思いやる気持ち／よろしくという気持ち」

いずれも複数形になっていますね。

なぜこのように複数をあらわす〈s〉がつくのでしょうか。

"Congratulations!" の場合はあふれんばかりの祝福の気持ち

が、"Thanks." はあふれんばかりの感謝の気持ちが、"wishes"
はあふれんばかりの祈願の気持ちが、"regards" はあふれんば
かりの思いやる気持ちが複数形となってあらわれているのです。
これを文法用語では「強意複数」(intensive plural) と呼ん
でいます。

　次は「結婚」のところに注目してください。これを "wedding"
としてしまう人が目につきますが、"wedding" は「結婚式」
という意味なので、getting married（結婚すること）とする
必要があります。

　それでは、Congratulations on ...!（……おめでとう！）と
いうフレーズを使って問題を解いてみましょう。
「ご就職おめでとうございます！」は英語で何と言うでしょう
か。

　正解は、次のとおりです。

◆ **Congratulations on finding a job!**

　おもに、学生の身分から社会人になった人に対して用います。
以下の英文と比べてみましょう。

◆ **Congratulations on your new job!**

　これは「新しい仕事を見つけておめでとうございます！」で
あり、多くの場合、転職をした人に対して用います。

　では、入学試験に受かった人に「合格おめでとう！」と言っ
てみましょう。

◆ **Congratulations on getting accepted!**

　このように言います。"accept" は「（学校が）入学を認める
／（団体が）入会を許可する」という意味です。

「ミスをするのとそれを隠蔽するのはそもそも話が違う」

日本人が言いがちな英語

😖 Making a mistake and covering it up are different.

ネイティブ流イングリッシュ

👍 Making a mistake is one thing, covering it up is another.

〈A is one thing, (and) B (is) another (thing).〉は、2つの事柄の次元や難易度の違いをあらわすときに用いられる構文です。〈A is one thing ; B is another.〉と書くこともあります。

◆ **Saying is one thing ; doing another.**

（言うは易し、おこなうは難し）

これは「何かを口で言うのは簡単だが、それを実行するとなるとなかなか難しい」という意味の格言で、目にしたことのある読者もたくさんいるのではないでしょうか。ところが、この構文は書き言葉だけでなく、話し言葉においてもひじょうによく用いられています。

◆ **Acquiring a language is one thing, but teaching it is another.**

（ある言語を身につけることと、それを教えるのは別だ）

◆ **Whether the ingredients are healthy or not is one thing; whether the product will be accepted by customers is another.**

（その具材が健康にいいかどうかという問題と、その商品が売れるかどうかは別次元の話だ）

＊ingredient「（料理の）材料」

AとBの違いが大きいこと、つまり「大違いである」ことを示したいときは、強調語である副詞の quite（まったく）をし

ばしば挿入します。

◆ **Protecting marine systems is one thing, but attacking whaling ships is quite another.**

（海の生態系を守ろうとするのと、捕鯨船を攻撃するのはまったく話が別だ）

＊marine system「海の生態系」

変形もありますが、"one thing" と "another" の対称性を見抜けば、その意味することはすぐにわかるでしょう。

◆ **He says one thing and does another.**

（彼は言うこととやることがバラバラだ）

「AとBは異なる2つである」と考えて、〈A and B are two different things.〉で言いあらわすこともできます。

◆ **Protecting your children and overprotecting them are two different things.**

（子どもを保護することと過保護にすることは違う）

＊overprotect「過剰に保護する／かばいすぎる」

◆ **Knowing how to read music and composing music are two completely different things.**

（楽譜が読めるのと作曲するのとはまったく別次元の問題だ）

＊read music「楽譜を読む」

「きょうは晴れていて暖かいですね」

日本人が言いがちな英語

✗ Today is fine and warm.

ネイティブ流イングリッシュ

👍 It's sunny and warm today.

きょうの天候について述べるときは、〈It's ...〉で始めるようにしましょう。日本語の発想で、"Today is ..." と言ってしまう人がかなりたくさんいますが、これはネイティブにはない発想です。とても大事なことなので、ぜひ覚えておいてください。

✗ Today is too cold to go out today.

○ It's too cold to go out today.

（きょうは出かけるには寒すぎますね）

それから日本人は「晴れている」を "fine" で言いあらわそうとしますが、現在では英国の古い教科書や日本の英会話本のなかでしかお目にかかることはありません。「晴れている」は、一般に "sunny" を使うと覚えておいてください。

◆ If it's sunny tomorrow, let's go to the beach.

（明日、天気がよければ、海へ行こうよ）

◆ It was sunny until noon, then it snowed.

（昼までは晴れていたけど、その後、雪になった）

会話のきっかけに天候の話をするのはなにもイギリス人に限ったことではなく、日本人もアメリカ人もよくします。とりわけいい天気の日には、知り合いでなくとも「いいお天気ですね」と声をかけたくなります。そんなときは、次のように言います。

◆ It's a nice day.

◆ **It's a beautiful day.**

◆ **It's a lovely day.**

空を見上げると、なんだか雲行きがあやしい。そんなときは、このように言います。

◆ **Looks like it's going to rain.**

（雨が降りそうですね）

*（It）Looks like ...「……であるように思われる」

◆ **Looks like it's going to snow.**

（雪になりそうですね）

では、ここで問題です。

「きょうは風が強いですね」を英訳してみましょう。

✕ **It's blowing hard today.**

〈It's blowing hard.〉は「風が強くなってきたね」の意味であり、そこに"today"をつけるのは不自然に感じられます。

○ **It's windy today.**

○ **It's very windy.**

一日をとおして風が強く吹いている場合は「状態」としてとらえ、"windy"という形容詞であらわします。

もうひとつ。梅雨の季節にみなさんがよく使っている「きょうは蒸し暑いですね」を英語にしてみましょう。

◆ **It's hot and humid.**

*humid「湿気がある」（発音は〔**ヒュ**ーミッド〕です）

通例、日本語の語順（蒸している＋暑い）のように "humid and hot" とは言いませんのでご注意を。

次のように言うこともあります。

◆ **It's muggy.**

*muggy「蒸し暑い／暑苦しい」（発音は〔**マ**ギ〕です）

「やっぱりね」

😊 What you say makes sense.

👍 **No wonder.**

〔日本人が言いがちな英語〕にある"What you say makes sense."は「きみの言い分も一理ある」といったニュアンスであり、どことなく"上からの目線"を感じます。

それは予想されたことなので、聞いても驚かないというとき、「やっぱりね」とか「どうりで」と声をあげますね。そんなとき、ネイティブは次のように言います。

◆ No wonder!

これは (It is) No wonder (that ...). (……は少しも不思議ではない／……は驚くにあたらない) のことで、しばしば〈No wonder.〉だけで済ませてしまいます。

◆ A : **You look so happy.**

（やけにうれしそうだね）

B : **I'm going out with someone tonight.**

（今夜、デートなの）

A : **No wonder.**

（やっぱりね）

◆ A : **Remember when Peter caught the burglar? It turns out that he's a black belt in karate.**

（ピーターが泥棒を捕まえたでしょ。彼、空手の黒帯なんだって）

B : **No wonder!**

（どうりで！）

＊It turns out (that) ...「……ということが判明している」

後ろに節をとることもよくあります。その場合、"that" は
たいてい省略されます。

◆ No wonder he can ski so well — he was born in
Norway.

（やっぱり彼はスキーがうまいね。それもそのはず、ノルウェー生ま
れだもの）

◆ A ： Yuki is a returnee.

（ユキは帰国子女だよ）

B ： No wonder she's so fluent in English.

（どうりで英語が上手なはずだよ）

＊returnee「帰国子女」（後ろにアクセントがあります。〔リタ二ー〕
と発音します）

＊＝That's why she's so fluent in English.

では、ここで問題です。"wonder" を使った以下の表現はど
んなときに用いるでしょうか。

◆ Just wondering.

「どうしてそんなことを聞くの？」などと問われたときの返事
としてよく用いられます。「ただ聞いてみただけ」とか「ちょっ
と疑問に思ったので」にあたります。〈I was just wondering.〉
の縮約形です。

◆ A ： Why do you ask?

（なぜ聞くの？）

B ： Just wondering.

（ちょっと聞いてみただけ）

（「納豆が好きじゃない」という人に同意して）
「私もそうなんです」

✕ Me, too.

👍 **Same here.**

◆ **A：I like sushi.**（僕、お鮨が好きなんだ）

　B：Me, too.（私もそう）

　このように、肯定文を受けて「私も」という場合は〈Me, too.〉を用います。しかし、間違って使っている人もけっこういます。

◆ **A：I don't care for natto.**

　　（僕、納豆が好きじゃないんだ）

　B：Me, neither.

　　（私もそう）

＊care for A「Aを好む」（通例、否定文・疑問文で用います）

　前の文が否定なので、ここでは〈Me, too.〉ではなく、Me, neither.（私も〜ではありません）としなければなりません（実際の会話では、"Me, either." とする人もいます）。

　さて、ここでみなさんに覚えていただきたいのは、〈Me, too.〉にしろ、〈Me, neither.〉にしろ、やや子どもっぽい響きがあるということです。

　では、ネイティブの大人はどのような表現を使っているのでしょうか。それは〈Same here.〉という言いまわしです。前文が肯定文であれ否定文であれ、すなわち〈Me, too.〉のところも〈Me, neither.〉のところも、〈Same here.〉ですませ

てしまうのです。

◆ **A：I'd like a coffee, please.**

（コーヒーをお願いします）

B：Same here.

（僕も）

＊Same here.「同じものをください」（= I'll have the same. / Me, too.）

◆ **A：I'm getting a little sleepy.**

（ちょっと眠たくなってきた）

B：Same here.

（私も）

＊Same here.「同じように感じます」（=I feel the same way. / Me, too.）

◆ **A：I didn't like the food there.**

（あそこの料理はおいしくなかった）

B：Same here.

（ほんとね）

＊Same here.「私も気に入らなかった」（= I don't like it, either.）

〈Likewise.〉を用いることもあります。

◆ **A：Pleased to meet you.**

（お会いできてうれしいです）

B：Likewise.

（こちらこそ）

フォーマルな場面で用います。

「さあ、乾杯しよう」

（日本人が言いがちな英語）
😅 I'd like to make a toast.
（ネイティブ流イングリッシュ）
👍 Time for a toast.

「さあ、乾杯しよう」は、

◆ It's time for a toast.

と言います。

"toast"は「乾杯」という意味です。その昔、スパイスで味つけされた一片のトースト（toasted bread）を酒に浸したことがこの意味の起源とされています。

「トースト」（焼いたパン）の意味での"toast"は「数えられない名詞」扱いをします。「トーストをつくってあげるね」は、

○ I'll make some toast for you.

であって、

✗ I'll make some toasts for you.

ではありません。

一方、「祝杯をあげること」を意味する"toast"は数えられる名詞なので、「さあ、乾杯しよう」は、

○ It's time for a toast.

であって、かならず冠詞の"a"をつけます。

✗ It's time for toast.

とはなりません。これだと「トーストの時間よ／トーストを食べる時間ですよ」になってしまいます。

It's time for A.（Aの時間だ）はたいへん便利なフレーズです。"It's"を省略して、〈Time for A.〉ということもよくあ

ります。

◆ **Time for bed.** （寝る時間よ）

◆ **Time for lunch.** （ランチの時間よ）

◆ **Time for dinner.** （夕飯の時間よ）

◆ **Time for a snack.** （おやつの時間よ）

◆ **Time for school.** （学校へ行く時間よ）

◆ **Time for my nap.** （昼寝の時間だ）

◆ **Time for your bath.** （お風呂の時間よ）

　どうです？　使い勝手がいいフレーズでしょ。

　また、〈to *do*〉を後続させる用法もあります。ネイティブが日常的によく使う表現を並べてみましょう。

◆ **Time to go.** （そろそろ行かなくちゃ）

◆ **Time to go home.** （そろそろ帰らなくちゃ）

◆ **Time to get dressed.** （そろそろ着替えないと）

◆ **Time to get up.** （もう起きないと）

◆ **Time to eat.** （食事の時間よ）

◆ **Time to do your homework.** （宿題をやる時間よ）

◆ **Time to go to school.** （学校へ行く時間よ）

◆ **Time to take your medicine.** （薬をのむ時間よ）

　不定詞の意味上の主語を入れた for A to *do*（Aが……する）のパターンも押さえておきましょう。

◆ **Time for the movie to start.**
（そろそろ映画が始まるわよ）

◆ **Time for you to pick up the kids.**
（そろそろ子どもたちを迎えに行ってちょうだい）

　＊pick up A ／ pick A up「Aを車で迎えに行く」

「ここまでは順調です」

日本人が言いがちな英語

✗ Everything is going well until this point.

ネイティブ流イングリッシュ

👍 **So far, so good.**

"so far"は「これまでのところ／今までのところ」で、until now / up to nowとほぼ同じ意味です。通例、現在完了の文で用います。

◆ **So far everything has been going well.**

（今までのところすべて順調だ）

◆ **I think she's done a great job so far.**

（これまでのところ彼女はたいへんよくやっていると思う）

さて、So far, so good.（ここまでは順調です／これまでのところうまくいっています）は、私が小さいころからよく耳にしていたフレーズですから、最近の流行り言葉でないのは明らかです。

調べてみると、ある研究者によれば1809年にはすでに使用されていたそうなので、ずいぶんと歴史をもった言いまわしといえます。とはいえ、古くさい感じはまったくなく、今なお日常会話では大活躍しています。

◆ **A : How's your new job, Linda?**

（新しい仕事はどうだい、リンダ？）

   B : So far, so good. It's challenging.

（まずまずよ。やりがいがあるわ）

＊challenging「やりがいがある／興味のわく」

◆ **A : How's the new vacuum cleaner working?**

（新しい掃除機の調子はどう？）

B：So far, so good. It's easy to use.

（これまでのところ満足ね。使いやすいし）

＊work「（機械などが）動く／作動する」

自分についての状況を述べるだけでなく、やっかいな課題などに取り組んでいる相手を励ますような場合にも用います。

◆ **A：Dad, I'm halfway done with my homework.**

（パパ、宿題はもう半分終わったよ）

B：Let me see. So far, so good! Keep it up!

（見せてごらん。順調、順調！その調子だ！）

＊done「終わって」（形容詞）

面倒や困難が今後生じるかもしれないような場合、「今のところは異常はありません」の意味でも用いられます。

◆ **I asked my dad's physical therapist how he was doing, and he said, "So far, so good."**

（理学療法士に父の具合をたずねたら、「今のところ、問題はありません」と言った。）

＊physical therapist「理学療法士」（= PT）

「あれを英語で何て言いますか？」

（日本人が言いがちな英語）
✕ How do you call that in English?

（ネイティブ流イングリッシュ）
👍 **What do you call that in English?**

　少し離れたところにある"あれ"を指さして、「あれを英語で何て言いますか？」とたずねてみましょう。

　〔日本人が言いがちな英語〕に見えるように、大半の日本人は"how"という疑問詞で始めようとします。

　この〔日本人が言いがちな英語〕のどこがおかしいのでしょうか。

　そもそも"how"と"call"の組み合わせが誤っています。どんなふうに（how）あれに電話をかける（call）といったトンチンカンな意味内容になってしまいます。

　では、以下のように"say"を使うのはどうでしょう。

◆ **How do you say that in English?**

　これが正しい英文です。多くのネイティブスピーカーに許容されるでしょう。しかしながら、物を指さして使うというよりも、ある言語表現が思い出せないときに用いることのほうが多いのです。

◆ **A : I need to train the newcomers, and I also have to hit my sales target at the same time. So I'm between a rock ... how do you say that?**

（新人たちの指導をしなくてはならなし、しかも同時に自分の営業目標も達成しないといけないんだ。まさに……陥っている感じだよ。どう言うんだっけ？）

B：... between a rock and a hard place.

（……窮地に）

A：That's right.

（そう、それ）

＊hit「（ある数量・水準などに）達する」

＊sales target「営業目標」

＊be（caught / stuck）between a rock and a hard place 「板挟みになっている／身動きのできない状態になっている／進退きわまっている」（「岩とそれと同じくらい固い場所の間に挟まって」が原義）

物を指し示して「あれを英語でどう言いますか？」は通例、ネイティブは次のように言います。

◆ **A：What do you call that in English?**

（あれを英語でどう言いますか？）

B：A cucumber.

（キューカムバ）

＊cucumber「キュウリ」

◆ **A：What do you call "eggplant" in Japanese?**

（"エッグプラント"を日本で何て言いますか？）

B：We call it "nasu".

（ナスと呼んでいます）

"call"の使い方に注目しましょう。上の文の場合、call O C（OをCと称する／ OをCと呼ぶ）のCがわからないので、"what"となって文頭に出ているのです。

「じゃあ、がんばってね！」

日本人が言いがちな英語

× Try hard!

ネイティブ流イングリッシュ

👍 Good luck!

別れ際に「じゃあ、がんばってね」と言ってみましょう。ネイティブはこうしたとき、次のように声をかけます。

◆ **Good luck!**

Try hard! も「一生懸命やれ！／がんばれ！」という意味をもちますが、別れのあいさつとして用いることはありません。〈Good luck!〉はI wish you good luck!（幸運に恵まれるよう祈っています！）のことで、口語では短く〈Good luck!〉とだけ言います。カードに次のように書くこともあります。

> **Congratulations on your graduation!**
> （ご卒業おめでとう！）
> **I wish you good luck!**
> （幸運に恵まれるよう祈っています！）

短縮形ではない〈I wish you good luck!〉は、カードや手紙に添える書き言葉として用います。

〈Good luck!〉は日本語の「がんばってね！／うまくいくといいですね！」にあたります。道案内をしたとき、別れ際に「見つかるといいですね！」の意味で使うこともよくあります。

◆ **Go past the convenience store over there and turn left. The subway entrance is just around the corner.**

Good luck!

（あそこのコンビニを通り過ぎたら、左に曲がってください。地下鉄の入り口は角を曲がったところにあります。うまく見つかるといいですね）

「○○がんばってね」というときは、前置詞（with / on / in など）をつけて結びます。

◆ **Good luck with your test.**

（テスト、がんばってね）

◆ **Good luck on your job interview.**

（就職の面接、がんばってね）

◆ **Good luck in your new job.**

（新しい仕事、がんばってください）

実際の会話を見てみましょう。

◆ **A：It sounds tough, but good luck with everything.**

（たいへんそうですが、いろいろがんばってね）

　B：Thanks. I'll do my best.

（ありがとう。がんばるよ）

逆に、「私のこと、祈っていてね」とお願いするときは、"Wish me luck!" と言います。

◆ **A：I'm off to my audition. Wish me luck!**

（オーディションに行ってくるわ。祈っていてね！）

　B：Good luck!

（祈ってるよ！）

＊be off to A「（今から）Aに行くところだ」

「これ（この料理）には何が入っていますか？」

日本人が言いがちな英語

? What is in this food?

ネイティブ流イングリッシュ

👍 What does this have in it?

料理の中にどんな具材が入っているかをたずねる表現です。ベジタリアンやヴィーガン（ビーガン）を始め、苦手な食べ物がある人たちがよく口にする決まり文句です。

「……がある」といった場合、〈There is ...〉という構文を思い浮かべる読者も多いでしょうが、料理に「……が入っている」ときは、〈料理（主語）＋ have ...〉というフレーズを用いるのがふつうです。

◆ A：What does this have in it?

（この料理には何が入っていますか？）

B：Potatoes, pork, onions, and carrots.

（じゃがいも、豚肉、玉ねぎ、ニンジンです）

また、その場合、have ... in it（その中に……がある）という形になるということも覚えておいてください。

✕ What does this soup have?

大多数の人は「このスープには何が入っていますか？」をこのように言ってしまいがちです。シチュエーションによっては伝わるでしょうが、in it（中に）を添えることを忘れないでください。

◆ A：Does this soup have meat in it?

（このスープには肉が入っていますか？）

B：It doesn't have any meat in it.

（肉はまったく入っていません）

◆ A：Does this have soy in it?

（これ、大豆が入っていますか？）

B：Yes. Are you allergic to it?

（ええ。大豆アレルギーですか？）

A：Yes. I'm allergic to eggs, too.

（そうなんです。卵もだめなの）

味つけや隠し味として、どんな香辛料を使っているかをたずねることもできます。

◆ A：It smells good.

（おいしそうなにおいね）

B：It smells like pepper.

（コショウのにおいがする）

C：It has pepper and a little vinegar in it.

（コショウと少量の酢が入っています）

お鮨屋さんへ行って、次のように聞くこともあります。

◆ A：Does this one have wasabi in it?

（これにはわさびが入っていますか？）

B：No. That one doesn't have wasabi in it.

（いいえ。それはわさび抜きです）

ちなみに、私のまわりのネイティブでは、わさび好きとわさびが苦手という人の割合はちょうど半々ぐらいですね。

「ご親切にどうも」

　相手の親切な好意に対して、お礼の言葉を述べてみましょう。そうしたとき、なんでもかんでも〈Thanks.〉だけですませてしまう人がいますが、これは気安い表現なので、言われたほうは気分を害してしまうかもしれません。もうひとこと言葉を添えると相手の心に響くものです。そんなときのお礼の表現に〈That's so nice of you.〉があります。

　たとえば訪問先でタクシーを呼んでほしいと頼んだら、相手が送ってくれると申し出ました。そうしたときは次のように言ってみましょう。

◆ A : Could you call me a taxi?

　　（タクシーを呼んでいただけますか？）

　B : I can drive you to the hotel, if you like.

　　（もしよければ、ホテルまでお送りしますよ）

　A : Thanks! That's so nice of you.

　　（ありがとう！ ご親切にどうも）

　ここで〈Thanks!〉とだけ言って口をつぐんでしまうと、なんともそっけない感じがします。〈That's so nice of you.〉というフレーズを加えれば、感謝の気持ちをしっかり伝えることができます。

　"considerate"という形容詞を使えば、より心のこもった表現になります。

◆ A：Would you like me to put your bag up there?

（荷物を上に置いてあげましょうか？）

B：That would be nice. How considerate of you!

（そうしてもらえるとうれしいわ。やさしいお人ね）

＊considerate「思いやりのある」（〔クン**スィ**ダリット〕と発音します）

これに似た表現に〈How sweet of you!〉があります。どちらかと言うと、女性がよく使う感嘆文で、この場合の "sweet" は「おやさしい／ご親切な」とニュアンスがあります。

◆ A：Happy birthday! This is for you.

（誕生日おめでとう！これ、どうぞ）

B：Smells good. Can I open it?

（いい匂い。開けてもいい？）

A：Sure. I made some fruit cake for you.

（もちろん。フルーツケーキをつくってみたの）

B：Thanks! How sweet of you!

（ありがとう。あなたっておやさしいのね！）

〈How sweet of you!〉は次のように言い換えることもあります。

◆ You're so sweet!

（やさしいわね！）

◆ That's so sweet of you!

（ご親切にどうもありがとう！）

「ぜんぜんお変わりないですね」

日本人が言いがちな英語

✗ You're always the same.

ネイティブ流イングリッシュ

👍 **You haven't changed at all.**

　日本人の場合、久しぶりに会った友だちや年配者に、「相変わらずお若いですね」とか「まったく変わりませんね」と声をかけます。

　これを〔日本人が言いがちな英語〕の英語にあるように、"You're always the same." と言ったらどうでしょうか。ネイティブは「いつも同じだ→成長しないね／相変わらず懲りないな」とネガティブに解釈する可能性が大です。

　ネイティブは「お若いですね」という意味も包含している「まったく変わりませんね」を次のような表現で言いあらわそうとします。

◆ **A : Henry! It's been a long time.**

（ヘンリー！ 久しぶり）

B : Otis? You haven't changed at all.

（オーティス？ ぜんぜん変わらないなあ）

A : I've been so forgetful lately. Seems like I forgot to age.

（最近、もの忘れがひどくって、歳をとるのも忘れてしまったみたいだ）

＊It's been a long time.は、It's been a long time since I saw you last.（最後に会ってからずいぶん長い時間が経過した）のことです。最後に会ったときから現在までの時間を考えているので現在完

了（have *done*）であらわします。

*(It) Seems like ... 「……のように思われる」

*forgetful「忘れっぽい／忘れやすい」

*age「歳をとる／老ける」

では、「ずいぶんと変わったね」はどう表現したらいいのでしょうか。

◆ **You've changed a lot.**

*a lot「ずいぶん（と）」

このように言います。以前は地味で目立たなかったのに、しばらく会わないうちに明るく陽気になったりする人がいますよね。

◆ **A : Keiko! It's been ages.**

（ケイコ！ 久しぶり）

B : Emily? You've changed a lot. I didn't recognize you. You look like a different person.

（エミリー？ ずいぶん変わったわね。ぜんぜんわからなかった。まるで別人になったみたい）

*It's been ages.「久しぶりですね」（= It's been a long time.）

*recognize「（人を見て）それとわかる」

*You look like ...「（あなたは）……のように見える」

*a different person「別人」

「ちょっとお話ししたいことがあるのですが」

日本人が言いがちな英語

😊 I need to talk to you.

ネイティブ流イングリッシュ

👍 **Could I have a word with you?**

「ちょっと話があるのですが」を、相手を想定して考えてみましょう。たとえば、仲のいい友人や同僚だったら、以下のように言います。

◆ **I need to talk to you.**

◆ **I need to tell you something.**

カジュアルなニュアンスがあります。しかし、主語を "we" にして、

◆ **We need to talk.**

（話がある）

となると、なんだか "嫌な予感" がしますね。これは、恋人が別れ話を持ち出すときなどに使う、いわば決まり文句なのです。

相手が目上の人や上司だったら、以下のように言うことをおすすめします。

◆ **Could I have a word with you?**

（ちょっとお話ししたいことがあるのですが）

◆ **Do you have a minute?**

（少しお時間ありますか？）

そう、疑問文にしてたずねるのです。こうすれば丁寧さがかもし出されます。

わかりやすく２つの例を出してみます。まずは、カジュアル

な感じで話しかけてみましょう。

◆ A：Hey, Daiki. I need to talk to you.

　　（やあ、大紀。ちょっと話があるんだけど）

　B：Okay. What is it?

　　（わかった。何だい？）

大紀（B）もまた気やすく応じていますね。

では、2つめの例です。

◆ A：Could I have a word with you?

　　（ちょっと相談があるのですが、よろしいですか？）

　B：Of course, Ema. What can I do for you?

　　（もちろんだよ、エマ。どんなことかな？）

　A：I just got some bad news. My father's in the hospital. He's in critical condition.

　　（言いづらいことなんですが、父が入院しまして。危篤状態なんです）

　B：Oh, I'm sorry to hear that.

　　（それはお気の毒です）

　A：Would it be possible to take a week off?

　　（1週間お休みをいただけますでしょうか？）

上司や目上の人に対してはこのように丁寧な言葉づかいをするように心がけましょう。

「どうぞ（始めてください）」

日本人が言いがちな英語

✕ Please.

ネイティブ流イングリッシュ

👍 **Go ahead and get started.**

　日本人の英語を聞いていて、最もよく耳にするのは "Please." です。しかし、"Please." だけだと、何を言おうとしているのか見当がつかない場合が多々あります。なかには、日本語の「どうぞ、どうぞ」をそのまま "Please, please." に置き換えてしまう人もいて、混乱することしきりです。

◆ **Please get started.**
　（どうぞ、始めてください）

◆ **Please come in.**
　（どうぞ、お入りください）

◆ **Please have a seat.**
　（どうぞ、おかけください）

◆ **Please make yourself comfortable.**
　（どうぞ、くつろいでください）

◆ **Please start without me.**
　（どうぞ、私にかまわず始めてください）

◆ **Please call me Jack.**
　（どうぞ、ジャックと呼んでください）

◆ **Please follow me.**
　（こちらへどうぞ）

　どのような行為を相手に促しているのかを、このようにはっきりと伝える必要があります。

さて、ここで私が読者のみなさんにお伝えしたいことは、〈Go ahead and ...〉というフレーズを使っていただきたいということです。"Go ahead" は「前へ進む」という意味ですが、後ろに "and ..." とつなげることで、「……することへ踏み切ってください→遠慮なく……してください／さあ……してください」という意味を伝える表現となります。相手を思いやる、親近感を感じさせるフレーズです。

◆ **Go ahead and get started.**

　（さあ、始めて）

◆ **Go ahead and open it.**

　（さあ、開けてみて）

◆ **Go ahead and try it on.**

　（さあ、着てみて）

◆ **Go ahead and eat without me.**

　（さあ、私抜きで食べ始めてください）

◆ **Go ahead and use my phone.**

　（遠慮なく私のケイタイを使ってください）

◆ **Go ahead and take a break.**

　（どうぞ休けいをとってください）

◆ **Go ahead and have a seat.**

　（どうぞお掛けください）

◆ **Go ahead and do what you want.**

　（どうぞお好きなようになさってください）

「まさかまた忘れたんじゃないだろうね」

日本人が言いがちな英語

✗ Haven't you forgotten again?

ネイティブ流イングリッシュ

👍 Don't tell me you've forgotten again.

ネイティブは「まさか（信じられない）！」を次のような表現で言いあらわします。

◆ **Incredible!**（信じられない！）

◆ **Unbelievable!**（信じられない！）

◆ **You don't say!**（うそだろ！）

◆ **You can't be serious.**（うそでしょ）

◆ **No kidding!**（からかわないで）

◆ **I can't believe it.**（信じられない）

◆ **That's impossible.**（そんなのありえないよ）

さて、ここでは「まさか」のあとに文を後続させる場合のフレーズを学びましょう。

みなさんは「まさか……とは思ってもみなかった」をどんなふうに言いあらわしますか。

〈I never dreamed (that) ...〉がまさにそれに相当します。

「……は夢にも思わなかった」と発想するのです。

◆ **I never dreamed that he would become a famous actor.**

（まさか彼があんなに有名な俳優になるとはね）

◆ **I never dreamed something like this could ever happen!**

（まさかこんなことが起こるとは！）

062

◆ **I never dreamed that we would be together.**

（まさかあなたと一緒になるなんて夢にも思わなかったわ）

"dream" のところを "think" に替えて、〈I never thought (that) ...〉と言い換えることもできます。

◆ **I never thought that Brazil would lose.**

（まさかブラジルが負けるとは思ってもみなかったよ）

◆ **I never thought that my dream would come true!**

（まさか自分の夢がかなうなんて思ってもみなかったよ！）

＊come true「（夢が）実現する」（= be realized）

◆ **I never thought that it would end up like this.**

（まさかこんな結末になるとは）

＊end up「終わる」

最後に、疑惑や驚きをあらわす「まさか……ではないだろうね」にあたる表現を覚えましょう。ネイティブは好んで〈Don't tell me ...〉という言いまわしを用います。

◆ **Don't tell me you deleted it.**

（まさかそれを消去したんじゃないだろうね）

◆ **Don't tell me you need money again.**

（まさかまたお金がほしいって言うんじゃないだろうね）

◆ **Don't tell me you gave her money.**

（よもや彼女にお金をあげたんじゃないだろうな）

◆ **Don't tell me you're actually going to eat all that.**

（まさかそれを全部食べるなんて言うなよ）

◆ **Don't tell me you've forgotten again.**

（まさかまた忘れたんじゃないだろうな）

「いつでも何でも聞いてください」

日本人が言いがちな英語

？ Please ask me anytime.

ネイティブ流イングリッシュ

👍 **Feel free to ask me anything anytime.**

　今回は「気軽に……してください／遠慮なく……してください／自由に……してください」にあたる申し出の表現を覚えましょう。ネイティブはこれを〈Feel free to ...〉というフレーズを使って言いあらわそうとします。

◆ **Feel free to email me anytime.**

　（いつでも気軽にメールをください）

◆ **Feel free to call me anytime.**

　（いつでも遠慮なく電話をください）

◆ **Feel free to express your opinions during the meeting.**

　（会議中は自由に意見を述べてください）

　"please"を強調して"Please ask me anytime."とやると、「お願いですからいつでも聞いてください」と哀願しているように聞こえてしまいますが、〈Feel free to ...〉の前に"please"をおくと丁寧な感じがかもし出されます。

◆ **Please feel free to help yourself.**

　（どうぞ遠慮なく召しあがってください）

◆ **If you should have a problem, please feel free to come to me for advice.**

　（何か困ったことがあったら、いつでも相談に来てください）

　＊If you should ... 「万一あなたが……であったら」

◆ **If you should need anything, please feel free to call**

the front desk.

（ご入用のものがあれば、フロントにお電話ください）

　Don't hesitate to ...（ためらわずに……してください）と言うこともあります。

◆ **Don't hesitate to ask me anything.**

（何なりと、ためらわずにおたずねください）

＊hesitate「躊躇する／ためらう」

◆ **Don't hesitate to contact me if you need me.**

（用事があれば、遠慮なく連絡してください）

◆ **If you have any concerns, please don't hesitate to reach out to us anytime.**

（ご不明の点がございましたら、遠慮なく当社までご連絡ください）

＊concern「心配／懸念／気がかりなこと」

＊reach out to A「Aに援助を申し出る／Aに問い合せる」

◆ **Don't hesitate to ask questions if anything is unclear.**

（ご不明の点がございましたら、何なりとおたずねください）

　〈Feel free to ...〉とほぼ同意ですが、〈Don't hesitate to ...〉のほうがいくぶん堅苦しく聞こえます。

外国人観光客に使ってみたい英語表現①

「どうかしましたか？」
➡
Need some help?

ずいぶん外国人観光客が日本へやってくるようになりましたね。しかし、異国の地では戸惑うことばかり。道に迷うし、電車の切符の買い方もわからない……。このコラムでは、日本人が訪日外国人に対して最もよく使う「必須フレーズ」をご紹介します。

さて、あなたは困っている外国人を見かけました。落ち着かない様子で、「誰か声をかけてくれないかなあ」とあたりをキョロキョロ見ています。そんな光景を目にしたあなたは、その人に声をかけます。イチオシのフレーズは、ずばりこれです。

◆ **Need some help?**

これは〈Do you need some help?〉のことですが、〈Do you〉の部分は日常会話では取っ払ってしまいます。

◆ **A：Need some help?**

（どうかしましたか？）

B：Yes. How do I get to Harajuku?

（ええ。原宿までどうやって行ったらいいのですか？）

直訳すれば「あなたは助けが必要ですか？」になりますが、そんな堅苦しいニュアンスはありません。とにかく、〈どうかしましたか？＝ Need some help?〉と覚えておきましょう。この３語さえ口にすれば、相手はきっと「これでなんとかなる」と喜んでくれるはずです。

PART II

英語を話すときに知っておきたい

日本人とネイティブの
発想の違い

「もうちょっと鼻が高かったらなあ」

日本人が言いがちな英語
× I wish I had a high nose.

ネイティブ流イングリッシュ
👍 I wish I had a well-defined nose.
I wish I had a beautiful nose.

「高い鼻」は、"high nose"とも"tall nose"とも言いません。しいて言えば、long nose（長い鼻）/ big nose（大きい鼻）/ prominent nose（目立つ鼻）ですが、これらはいずれも好ましくない（場合によっては「醜い」）というニュアンスがあります。そもそも欧米の人は「高い鼻だからかっこいい」とか「高い鼻は素敵」という考え方をしないのです。

日本人は「高い鼻」に憧れをもっていますが、逆に西洋では、高すぎる鼻、とくにカギ鼻（hooked nose）を気にしている人が数多くいます。鼻を小さくする手術をする人（とくに女優や歌手）さえいます。

ですから「高い鼻」は自慢するようなものではないため、"You have a long nose." はけっして褒め言葉にはならないのです。むしろ、「はっきりとした輪郭をもった鼻」（well-defined nose）や「美しい鼻」（beautiful nose）や「彫りの深い顔」（chiseled features）と言えば、相手の気分をそこねることはないでしょう。

逆に、「低い鼻」は flat nose（平らな鼻）/ short nose（小さな鼻）と言います。「低い鼻がコンプレックスです」は、

◆ I hate my flat nose.
◆ My flat nose really bothers me.

＊bother「悩ませる／困らせる」

などと言います。

とはいえ、西洋人は「低い鼻」もあまり気にしていません。というか、なかには「低い鼻」を可愛らしいと思っている人もけっこういます。いずれにしても、相手の鼻が美しいと思えても、そのサイズや高さを話題にはしないほうが無難です。

もうひとつ。日本人が好きな「小顔」についてもふれておきましょう。「小さな顔」を "small face" と言っている人を見かけますが、体型と釣り合わない小さな顔を想像してしまい、これも褒め言葉にはなりません。

さらに言うなら、顔のサイズを雑談のトピックにすることもありません。あえて言うなら、以下のように表現することをおすすめします。

◆ **You have such fine features.**

（整った顔立ちをしていらっしゃいますね）

＊features「目鼻立ち・顔立ち」（複数形にして用います）

◆ **You have such delicate features.**

（繊細なお顔立ちですね）

日本人、とくに日本人女性は「小顔に見られたい願望」があるようですが、西洋人は顔の大きさを話題にしませんし、私自身、「日本人の顔は大きい」などという話をアメリカで一度として聞いたことがありません。

「とりあえず、ビールでいこう」

日本人が言いがちな英語

? First of all, let's drink some beer.

ネイティブ流イングリッシュ

👍 Let's start with some beer.

「とりあえず」の使われ方を見ていると、最終的にどうするかは別問題として、「いちおう／さしあたって（手始めに）／臨時（応急）措置として」の意味で用いられることが多いようです。

たとえばレストランでは、ウェイトスタッフとこんなやりとりをします。

◆ **A：Will that be all?**

（以上でよろしいですか？）

B：For now, anyway.

（とりあえず、それで）

＊for now「今のところ／さしあたり」

◆ **A：Do you know what you'd like to drink?**

（お飲み物からお伺いしましょうか？）

B：Yes. To start off with, I'll take a beer.

（はい。とりあえず、ビールください）

＊to start off with「手始めに／最初に／まず」

＊a beer「ビール1本〔缶・杯〕」

これらの例文に見えるように、for now / to start off with「手始めに／最初に／まず」が「とりあえず」のニュアンスをもっていることがわかります。

数人でレストランに行ったとしましょう。みんなで相談して、白ワインで乾杯することになりました。そんなときは次のよう

に言います。

◆ **Let's start off with some white wine.**

（とりあえず、白ワインでいこう）

＊start (off) with A「Aで始める／Aをもって開始する」

これを、"first" という副詞を使って言いあらわすこともできます。

◆ **Let's have some white wine first.**

＊first (of all)「最初に／手始めに」

「しばらくのあいだ／当分のあいだ」（for the time being）を示唆する「とりあえず」もあります。

◆ **This will do for the time being.**

（とりあえずはこれで間に合せよう）

＊for the time being「当面のあいだ／さしあたって」

「とりあえず」が「至急／急いで／即座に／すぐに」（in a hurry / immediately / at once / right now）の意味で用いられることもありますね。

◆ **When she heard the news, she went to Matt in a hurry.**

（その知らせを聞くと、彼女はとりあえずマットのところへ駆けつけた）

＊in a hurry「急いで／あわてて」

◆ **I sent a condolence letter at once.**

（とりあえずお悔やみ状を出しておいた）

＊at once「ただちに／すぐに」

このように考えることで、私は日本語の「とりあえず」をなんとか使いこなせるようになったのでした。

「週末だとどこが空いていますか？」

× Where are you available on weekend?

👍 **Which weekend are you available?**

「どこ」の英語への変換は、日本人にとってたいへん"悩ましい"ようです。言うまでもなく、日本語の「どこ」に相当する疑問詞は"where"です。

◆ **Where does it hurt?**

（どこが痛いの？）

では、日本文の意味に合うように、次の空所に疑問詞を入れてみましょう。

イタリアの首都はどこですか？

(　　　　　　　　) is the capital of Italy?

「位置」ではなく「首都の名称」をたずねているので、疑問詞は"what"を用いなければいけません。

× **Where is the capital of Italy?**
○ **What is the capital of Italy?**

彼のどこが好きなの？

(　　　　　　) do you like about him?

これも同様です。ここで "where" を使うという発想がそもそもネイティブにありません。英語の "where" はあくまでも

072

「場所」や「位置」を問う疑問詞で、たずねたいものが名詞の場合は、what（疑問代名詞）を用いなければなりません。

  ✕ Where do you like about him?
  ○ What do you like about him?

疑問詞に注目して、以下の英文をごらんください。

◆ What's wrong with my idea?

（私の考えのどこが問題なの？）

◆ What do you hate about living in the countryside?

（田舎暮らしのどこがいやなの？）

では、いま一度、冒頭の言いまわしを考えてみましょう。「週末だとどこが空いていますか？」は、限定された数のものから選択するわけですから（たとえば4月のうちのどの週末というように）、〈Which weekend ...?〉としなければなりません。

では、エレベーターに乗っていて、ボタンのそばにいる人は後から入ってきた人に「何階ですか？」とか「どの階で降りますか？」とたずねることがありますが、その場合はどう表現したらいいのでしょうか？

◆ Which floor (would you like to get off at)?

このように限られた選択肢の中からひとつを取り出す場合は、"which"を使いますが、選択肢が多いと感じられた場合は"what"を使うこともよくあります。

◆ What floor?

（何階ですか？）

「悪性の風邪がはやっている」

日本人が言いがちな英語

✗ A bad cold is popular.

ネイティブ流イングリッシュ

👍 A bad cold is going around.

同じ「はやる」でも、"popular" は「人気がある／評判がいい」という意味で、多くの人がそれを好んでいるというときに用います。

◆ **American movies are very popular in Japan.**

(アメリカ映画は日本でとても人気が高い)

◆ **Japanese food is becoming popular among Americans.**

(日本食はアメリカ人のあいだで人気が出てきている)

風邪や伝染病が「はやる」とか「流行する」は、go around (広まる／蔓延する) を使います。

◆ **Take care of yourself because a cold is going around at the moment.**

(今、風邪がはやっているから気をつけてね)

*take care of oneself「体に気をつける」

*at the moment「今のところ／目下」

◆ **There is a bad flu going around this winter.**

(この冬は悪性のインフルエンザがはやっている)

*flu「インフルエンザ」(口語では"influenza"と言わず短縮して用いるのが一般的です)

では、ここで問題です。

「このお鮨屋さんはこのあたりでいちばんはやっている」を英語にしてみましょう。

◆ **This sushi shop is the most popular around here.**

　この「はやっている」は「繁盛している」、つまり多くの人に「好かれている／人気がある」わけだから、"popular" がふさわしい表現と言えます。

「若い女性のあいだでネイルアートがはやっている」はどうでしょうか。

◆ **Nail art is popular among young women.**

　これも「人気がある」わけですから、"popular" が使えます。また、次のように言うこともできます。

◆ **Nail art is in fashion among young women.**

　＊in (fashion)「はやって」

◆ **They say red will be in this year.**

　（今年は赤がはやるそうだ）

　ファッションにおける色や小物が「流行している」は、たんに "be in (fashion)" を使うことがよくあるのです。

　逆に、「すたれている」なら、"out (of fashion) / out (of style)" と言います。

◆ **Miniskirts are out.**

　（ミニスカートはすたれてしまった）

◆ **The advantage of kimonos is that they don't go out of fashion.**

　（着物の利点は流行に左右されないことです）

　＊go out of fashion「すたれる」

◆ **Good manners never go out of style.**

　（よいマナーはすたれることがない）

　＊go out of style「すたれる／時代遅れになる」

「あした遊ばない？」

✕ Let's play tomorrow.

👍 **Let's get together tomorrow.**

「遊ぶ」は、英語で表現しようとすると少々やっかいです。というのは、年齢や遊びの種類によって表現が異なるからです。

たとえば、大人が〔日本人が言いがちな英語〕に見られるように "play" を使ったら、ネイティブは違和感をもつことでしょう。"play" は小さな子どもがオモチャや遊具で「遊ぶ」といったニュアンスをもった単語だからです。

◆ **A：Anthony, what did you do yesterday?**

（アンソニー、きのうは何をしたんだい？）

B：I played with Patty in the park.

（公園でパティと遊んだよ）

ネイティブがこの会話を見れば、たいていAが親で、Bが幼い息子であると思うでしょう。大人が "play" を用いるのであれば、その後ろに楽器・スポーツ・ゲームなどをおくはずです。そうでなければ、「エッチな遊びをする」といった性的な含みを感じとるネイティブも数多くいるはずです。

◆ **Yesterday I played tennis with Peter for the first time in ages.**

（昨日はピーターと久しぶりにテニスをしたよ）

＊for the first time in ages「久しぶりに」

では、次のような「遊ぶ」はどうでしょうか。

◆ **I hung out with my friends yesterday.**

ネイティブがこの表現を見れば、たぶんこの「私」は中高生ぐらいの年頃の子だと思うはずです。"hang out" は「つるむ／ぶらぶらする」といったニュアンスがあるからです。目的もなく、どうでもいいようなことをただしゃべっている光景を思い浮べるにちがいありません。

◆ **I got together with my friends yesterday.**
（きのうは友だちと遊んだ）

　"get together" は「（友だちと）会う／集まる」で、場合によっては「デートする」といった含みもあります。大人は好んでこの表現を用います。

　ネイティブは「あした遊ぼうよ」をたいてい次のように言っています。

◆ **Let's play tomorrow.** 〔Kids〕

◆ **Let's hang out tomorrow.** 〔Teens〕

◆ **Let's do something tomorrow.** 〔Teens〕

◆ **Let's get together tomorrow.** 〔Adults〕

◆ **Let's go out tomorrow.** 〔Adults〕

　ちなみに、「あした、うちに遊びにおいでよ」は、ネイティブは次のように言います。

◆ **Come (and) see me tomorrow.**

◆ **Come (and) visit me tomorrow.**

　ここで "play" を使うことはありません。

「日本人はどうして血液型を気にするの？」

日本人が言いがちな英語

× Why do Japanese people worry about blood type so much?

ネイティブ流イングリッシュ

👍 **Why do Japanese people care about blood type so much?**

〈worry about A〉も〈care about A〉もともに「Aのことを気にする」と訳されることが多いですね。しかし、この2つの「気にする」はニュアンスが違います。

〈worry about A〉は「Aのことを心配する／Aのことを思いわずらう／Aのことを気に病む」という意味です。

◆ **Tim is always worrying about things he can't control.**

（ティムは自分ではどうにもならないことをいつも気にしている）

しきりに心配してくれる相手には、「心配ご無用」とばかりに次のように言います。

◆ **I'm OK. Don't worry about me.**

（大丈夫。私のことは気にしないで）

一方、〈care about A〉は「Aに関心を持つ／Aを気にかける」といったニュアンスがあります。

◆ **Do you care about what people think of you?**

（あなたはまわりの人にどう思われているか気になりますか？）

興味とか関心を持つ、というところがポイントです。

◆ **I don't care a bit about jewelry.**

（私は宝石というものにまったく関心がない）

＊not ... a bit「ちっとも……ない」

さて、ここでいま一度、〔ネイティブ流イングリッシュ〕を

ごらんください。じつはこれ、日本人に対してネイティブがひじょうに不思議に思っていることのひとつなのです。

日本や韓国では血液型による性格分類に関心を持っている人がたくさんいますが、欧米で血液型が雑談のトピックになることはまずありません。そもそも自分の血液型を知っている人はごくわずかです。

ご承知のように、日本では「血液型占い」（blood type horoscopes）がさかんです。A型の人（type A people）は几帳面（well organized）で神経質（uptight）であるとか、O型（type O people）は大らか（generous）でのんき（easygoing）だと思われています。また、B型の人（type B people）はマイペースでものごとをこなし（take things at their own pace）、AB型（type AB people）は冷静（calm）で理性的（rational）であるなどと言われています。人によっては、好きな血液型や嫌いな血液型がある人もいます。

しかし、血液型が人間の気質や性格に決定的な影響を与える科学的な根拠は認められてはいませんし、そうした思い込みが差別や偏見を助長すると問題視している人たちもいます。

ですから、無邪気に「血液型は何？」（What's your blood type?）と個人情報をたずねたり、それで性格診断をしてみせたりするのは控えたほうが無難であると心得ましょう。なかには興味を示すネイティブもいるでしょうけど。

「病院へ行ったらどう？」

日本人が言いがちな英語

? You should go to the hospital.

ネイティブ流イングリッシュ

👍 **You should see a doctor.**

ひどい咳をしている友人がいます。そんなとき、あなたは心配して「病院へ行ったら」と声をかけます。さて、これを英語で言うと、どうなるのでしょうか。

「病院」というと、日本人の頭に浮かぶ表現は"hospital"です。〈病院＝hospital〉と学校でも習うようです。

◆ **She was taken to the hospital in an ambulance.**

（彼女は救急車で病院に運ばれた）

◆ **I visited her in the hospital yesterday.**

（きのう入院中の彼女を見舞った）

◆ **He goes to the hospital on Monday and Thursday for dialysis treatment.**

（彼は人工透析のために月曜日と木曜日に通院している）

しかし、ネイティブには〈hospital＝緊急の手術や入院のための大病院／さまざまな部位の精密検査をしてくれる総合病院〉との認識があります。

私が"hospital"と聞いて、思い浮かべるのは、national hospital（国立病院）/ general hospital（総合病院）/ emergency hospital（救急病院）などです。

ですから、You should go to the hospital. と言われたほうは、「たぶんただの風邪だから、そんなに深刻にとらえないでよ」という反応をするはずです。

◆ **That's a nasty cough. You should see a doctor.**

（ひどい咳だね。病院で診てもらったら）

*nasty「（風邪や咳などが）ひどい」（＝bad）

このように助言するネイティブが多いはずです。

see a doctor（医者に診てもらう）は便利な表現ですので、ぜひ覚えておいてください。

咳が出るとか胃の具合が悪いとかの、ちょっとした体調不良で行く「病院」のことを、ネイティブは "the doctor's office" と呼んでいます。

◆ **I'm going to the doctor's (office) tomorrow.**

（明日、病院に行ってくる）

*最初に外来患者を診察する「個人病院」は"the[one's] doctor"と言うのがふつうで、通例、それはかかりつけの医者（one's family doctor）を指します。

そのほか、以下のように言うこともあります。

◆ **I'm going to a doctor tomorrow.**

*go to a doctor「医者に行く」

◆ **I'm going to visit a doctor tomorrow.**

*visit a doctor「医者をたずねる」

◆ **I'm going to see a doctor tomorrow.**

*see[consult] a doctor「医者に診てもらう」

どの英文にも "hospital" という単語がないことに注目してください。

「彼女は友だちの友だちです」

日本人が言いがちな英語
× She is a friend whom a friend of mine has.

ネイティブ流イングリッシュ
👍 She is a friend of a friend.

友だちを紹介するとき、

◆ **This is a friend of mine, Yumi.**

（こちら、友だちのユミです）

のように言いますね。これを応用して、「友だちの友だち」は、a friend of a friend（ある友だちの友だち）という言い方をします。

たとえば、あるパーティに招かれたとしましょう。しかし、そのパーティのホストであるケンとは直接の知り合いではありません。パーティの場であなたは、たまたま目が合った男性から次のようにたずねられました。

◆ **A : How do you know Ken?**

（ケンとはどういう知り合い？）

 B : He is a friend of a friend.

（彼は友だちの友だちです）

このように応じるのです。

この "of" は、the leg of the table（テーブルの脚）と同じで〈所属〉をあらわしています。

さて、ここで問題です。「ケンは職場の友だちです」と伝えてみましょう。

正解は次のとおりです。

◆ **Ken is a friend (of mine) from work.**

これを多くの日本人は、a friend of work（×）とやってしまうのです。Ken is my coworker.（ケンは同僚です）といってもいいのですが、いくぶん堅苦しく聞こえます。カジュアルな場では "a friend from work" というのが一般的です。

　前置詞の "from" に注目して、以下の表現をごらんください。

　＊a friend from work「仕事の友だち」

　＊a friend from college「大学の友だち」

　＊a friend from high school「高校の友だち」

　どうして "from" を用いるのでしょうか。

　この "from" は、もともと場所や時間の "出発点" を示すことから、〈出身・出自〉をあらわすようになったのです。

◆ **Ken is my best friend from elementary school.**

　（ケンは小学校時代からの親友です）

◆ **Natsumi is an old friend from college.**

　（ナツミは大学のころからの古い友だちです）

　というわけで、「〜のころからの友だち」とか「〜の時代からの友人」も "from" を使っていい言いあらわすのです。

◆ **I'm going to Hokkaido with my friends from high school.**

　（こんど高校時代の友人たちと北海道へ行くんだ）

　また、いま現在通っている学校の友だちであれば、a school friend というのが一般的です。

◆ **I'm going to Okinawa with some of my school friends.**

　（こんど学校の友だち数人と沖縄へ行くんだ）

「じゃ、行ってきます」

✕ I'll go.

👍 **See you!**（じゃあね）

「行ってきます」にあたる決まった表現はありませんが、たいてい次のような言い方をしています。

◆ **I'm going now.**（じゃ、行ってきます）

◆ **I'm leaving now.**（じゃ、行くよ）

◆ **I have to go now.**（じゃ、行くね）

◆ **I'm off now.**（じゃ、出かけるよ）

◆ **See you!**（じゃあね！）

◆ **Bye. I'll be back by six.**（じゃあね。6時には戻るからね）

「行ってらっしゃい」を直接表現する言いまわしもありません。

◆ **OK. See you later.**

　（行ってらっしゃい。じゃあね）

◆ **All right. Don't stay out late.**

　（行ってらっしゃい。遅くなっちゃだめよ）

◆ **Bye-bye. Have a good time.**

　（じゃあね。楽しんでね）

◆ **Bye. Take care.**

　（じゃ。気をつけて）

「ただいま」もとくに決まったあいさつ表現はありません。顔を合わせたら、

◆ **Hi./ Hello.**

　のように言ったりはします。

帰宅した子どもが、

◆ **I'm home, Mom!**

（ママ、ただいま！）

と大きな声をあげることはあります。

「おかえり」に相当する表現もありません。

◆ **Hi./ Hello.**（おかえり）

◆ **Oh, you're back.**（帰ってきたんだね）

これで済ませてしまう場合もあれば、

◆ **Did you have a good time?**

（楽しかった？）

◆ **How was your day?**

（きょうはどうだった？）

◆ **How was the game?**

（試合はどうだった？）

などとたずねることもあります。

とくに海外から帰国した人には、

◆ **Welcome home!/ Welcome back!**（おかえり！）

◆ **I'm glad you're back.**（おかえりなさい）

◆ **Glad you're home!**（おかえりなさい）

などの言い方をすることもあります。

◆ **I missed you!**（さびしかった！）

と言って、キスや抱擁をする新婚夫婦もいます。

「さあ、召しあがって」

😔 Please go ahead.
👍 Let's eat.

　食前に、日本人は「いただきます」とよく言います。家庭内でも、かなり浸透している慣習のようです。レストランや食堂などでも耳にすることがあります。

　個食であっても、合掌して一礼をする人を見かけることもあります。はじめてそれを見たときは、「食」というものに感謝する日本人の心の裡を見て、感動したことを覚えています。

　いっぽう英米の家庭では、敬虔なクリスチャンは食前にお祈り（prayer）をしますが、何も言わずに食べ始めてしまう人もたくさんいます。それどころか、妻（夫）や恋人が食卓に座る前に勝手に食べ始めてしまう人もいます。どういう宗教教育を受けたかによって食事作法はずいぶん違うようです。つまり、「いただきます」に対応する英語表現はないのです。

　では、食事に招かれた場合はどうでしょうか。食べ始める前に何か言葉を発する人がいるとすれば、それはゲストを迎えたホスト（host）か、あるいは料理をつくった本人です。

◆ A：Please go ahead.（どうぞ召しあがって）
　B：Thank you.（いただきます）

　このような場合だったら、〈Thank you.〉が「いただきます」にあたるでしょう。

　私の経験を言うと、次のように声をかけるホストが多いようです。

◆ **OK, let's eat.**

（さあ、召しあがって）

◆ **Well, let's begin.**

（さあ、始めましょう）

◆ **Let's dig in.**

（さあ、食べて）

＊dig in「（遠慮なくガツガツ）食べる」（カジュアルな表現）

これに対して、ゲストはたいてい以下のように応じます。

◆ **Wow! This looks great.**

（わあ！ おいしそうですね）

◆ **This looks amazing. I can't wait to try it.**

（すごいですね。早く食べたいわ）

◆ **Thanks. This smells good.**

（ありがとう。いい匂いがしますね）

これをもって「いただきます」の合図となります。

This smells good.

「ごちそうさま」

日本人が言いがちな英語

× I've had enough.

ネイティブ流イングリッシュ

👍 Everything was delicious.

食事を食べ終えると、日本人は口々に「ごちそうさま」と言います。つくってくれた人に「おいしかったよ」と感謝の気持ちを添えることもあります。

さて、『ジーニアス和英辞典』（初版）では、「ごちそうさま」を "I've had enough." としていましたが、これは「もうたくさんだ」であって、けっして「ごちそうさま」というニュアンスを伝えるものではありません（のちに修正されました）。

◆ A : Would you like some more pasta?

（パスタをもう少しどう？）

B : No, thank you. I'm completely full.

（いいえ、けっこうです。もうお腹がいっぱいです）

満足した表情を浮かべて、〈I'm completely full.〉と言ってみましょう。

◆ I can't eat anymore. Thank you.

（もう食べられません。ありがとう）

◆ I'm stuffed. Thank you so much.

（もうお腹いっぱいです。ありがとうございました）

このように言ってもいいのですが、かならず感謝の言葉を添えましょう。そうすれば、「ごちそうさまでした」のニュアンスを伝えることができます。

では、英語国民は、食事を終えると、何と言っているのでし

ようか。ふつう、自分の家ではいっさい何も言いません。食べて、それでおしまい。それで席を立ってしまう。つくってくれた人に感謝の言葉を投げかけることもありません。味もそっけもないとはまさにこのことです。

　子どもは、次のように言って親の許可を得ようとします。

◆ **I'm done. Can I go please?**

　（終わった。もう行っていい？）

　丁寧な子どもは、

◆ **May I be excused?**

　（もう席を立ってもいい？）

　と言います。

　しかし、よその家に招かれて、料理をふるまってくれた人にはきちんと感謝の言葉を述べます。

◆ **Everything was delicious.**

　（どれもたいへんおいしかったです）

◆ **That was a wonderful dinner.**

　（素晴らしいディナーでした）

◆ **I enjoyed the meal very much.**

　（おいしい食事でした）

◆ **Thank you for the wonderful meal.**

　（おいしい食事をありがとうございました）

　レストランなどで食事をおごってくれた人への「ごちそうさま」は、次のように言うといいでしょう。

◆ **Thank you for lunch. Next time it's my treat!**

　（ごちそうしてくれてありがとう。今度は私がおごります！）

（退社するとき、同僚に）
「お疲れさま」

日本人が言いがちな英語
😓 Thank you for your hard work today.

ネイティブ流イングリッシュ
👍 **See you tomorrow.**

　挨拶やねぎらいの意味でよく用いられる「お疲れさま」ですが、シチュエーションによって表現を変える必要があります。

　仕事の打ち上げで、数人で飲食を楽しんだあと、ぞろぞろと店の外に出ます。「じゃあ、これで」「お疲れさま」などの挨拶がよく交わされます。では、この「お疲れさま」をどう言いあらわしたらいいのでしょうか。

◆ **Good night.**（おやすみ）

◆ **Take care.**（気をつけてね）

　おそらくネイティブはこのように言うことでしょう。

　次は、職場での「お疲れさま」を考えてみましょう。ねぎらいの気持ちを込めた「お疲れさま」は、

◆ **Thank you for your hard work today.**

　（きょうはご苦労さま）

◆ **You did a great job.**

　（がんばってくれたね）

　*great job「素晴らしい仕事ぶり」

◆ **That was a tough day.**

　（きょうはキツかったね）

　などが適切でしょう。

　残業をしている同僚に、上司が、

◆ **Thanks for staying late tonight.**

（遅くまでご苦労さま）

と声をかけて、いたわることもあります。

帰宅するときの「お疲れさま」や「お先に失礼します」は、次のようなやりとりが想定されます。

◆ **A：See you tomorrow.**

（また、明日／お疲れさま）

B：Bye.

（お疲れ）

◆ **A：Good night.**

（おやすみ／お先に失礼）

B：See you.

（お疲れ）

また、それが金曜日であるなら、

◆ **A：Have a nice weekend.**

（よい週末を／お疲れ）

B：See you next week.

（また来週／お疲れさま）

と言います。

また、仕事から帰ったパートナーには次のように声をかけます。

◆ **How was work?**

（きょうはどうだった？）

これが「お疲れさま」にあたる表現と言えましょう。

（知り合いが亡くなったとの知らせを受けて）
「かわいそうに」

日本人が言いがちな英語
× I feel sorry for you.

ネイティブ流イングリッシュ
👍 Oh, no! I'm really sorry.

「かわいそう」にあたる定番表現は何ですかと問われたら、私は即座に I feel sorry for …（……をかわいそうに思う）だと答えます。ネイティブは"sorry"を「気の毒に思って」というイメージでとらえているのです。

◆ **I feel sorry for kids who don't have enough to eat.**

（満足に食べられない子どもたちがかわいそうだ）

◆ **I don't feel sorry for him at all. It's his own fault.**

（彼をかわいそうだと思う気持ちはまったくない。自業自得だよ）

しかし、直接相手に向かって言う場合は、"poor"を使って言いあらわします。

たとえば、道端で捨てイヌ（ネコ）を見つけました。うずくまって小さくなっています。

◆ **Poor doggie.**

（かわいそうなワンちゃん）

◆ **Poor kitty.**

（かわいそうなネコちゃん）

こう声をかけます。〈Poor ＋（代）名詞〉で、日本語でいうところの「かわいそうな○○・哀れな○○」という気持ちを伝えることができます。

もちろん人間に対しても使うことができます。

◆ **Poor Cindy.**

（かわいそうなシンディ）

◆ **Poor me.**

（かわいそうな私）

　ところが、これらの表現を面と向かって２人称に対して使ってよいかと言われたら、正直、「うん」とは言いにくい。

・I feel sorry for you.

・Poor you.

　いずれも英文としては正しいのですが、使い方やイントネーションによっては、たんに冷静な判断をくだしているだけとの印象を与えかねないからです。

　たとえば、知り合いのボーイフレンドが病気で亡くなったとの知らせを受けました。あなたなら、どんな声をかけるでしょうか。

◆ **A：John died.**

　　（ジョンが死んだの）

　B：Oh, no! I'm really sorry. Are you all right?

　　（ええ！ ほんとうに悲しいわ。あなた、大丈夫？）

　A：Yes.

　　（ええ）

　B：If there's anything I can do, let me know.

　　（私にできることがあったら言ってね）

　人が亡くなったという知らせを受けたときは、I'm really sorry (to hear that).（ほんとうに悲しいです）と言うのがふさわしい。同情や哀れみの気持ちを伝えるときには、その場に適した表現を用いる必要があるということをぜひ知っておいてください。

（くしゃみをした人に）
「お大事に」

😅 Are you catching a cold?

👍 **Bless you.**

　相手がくしゃみ（sneeze）をしたとき、みなさんは何と言いますか。日本人の場合、

◆ **Are you catching a cold?**

（風邪？）

◆ **Are you okay?**

（大丈夫？）

と言うことが多いのではないでしょうか。

英米人の場合、誰かが、

◆ **Achoo!**（ハクショーン！）

＊〔ア**チュ**ー〕と発音します。

とやると、別の人がおまじないの言葉をかけます。

◆ **God bless you!**

◆ **Bless you!**

「神の祝福を！」と声をかけるのです。日本人のみなさんには、なんとも奇妙に思われるかもしれません。

　その由来にはいくつかの言い伝えがありますが、そのうちのひとつをご紹介しましょう。

　人々がたいへん迷信深かった中世（the Middle Ages）と呼ばれる時代、くしゃみをすると自分の魂（soul）が体の外に出ていってしまい、悪魔（the devil）がそれを奪ってしまうと

信じられていました。やがて、誰かが「神の祝福を！」と言わないと霊魂は肉体に戻ってこないと言い伝えられるようになりました。そこで、まわりの人たちが「神の祝福を！」と声をかけることで、出ていった霊魂が持ち主に戻るまでの数秒、悪魔から守ってあげるようになったのです。

　乗り物や待合室など、人が集まるところでくしゃみをすると、見知らぬ人から〈Bless you!〉と言われることがありますが、びっくりして無言で立ち去らないように。

　また、宗教的なことを考慮して、現代では "God" を控える傾向にあるということも言い添えておきます。

◆ A：Achoo!

　　（ハクショーン！）

　B：Bless you!

　　（お大事に！）

　A：Thank you ... AAACHOOO!

　　（ありがとう……ハアアアクション）

　B：Are you okay?

　　（大丈夫？）

　A：Yeah. It's the pollen.

　　（うん。花粉なんだ）

＊pollen「花粉」（〔パ〕レンと発音します）

　このように〈Bless you!〉と声をかけられたほうは、〈Thank you.〉で応じるのが礼儀です。

　また、ゲップやおならをした場合は、かならず "Excuse me." と言いますが、それに対して、まわりにいる人は返事をせず、素知らぬふりをするのがマナーです。

「土壇場でキャンセルしちゃってごめんね」

日本人が言いがちな英語
😅 I'm really sorry for canceling at the last minute.

ネイティブ流イングリッシュ
👍 **I feel bad about canceling at the last minute.**

　以前、その使われ方が気になって、〈I feel bad.〉を大学生たちに訳してもらったことがあります。

「悪いと思っている」

「ほんとうに申し訳ありません」

「心から謝ります」

　このような訳文が提出されました。ほとんどの人が〈I feel bad.〉をひじょうに丁寧な謝罪表現と思い込んでいるということが判明したのです。

　〈I feel bad.〉は、I'm sorry.（ごめんなさい）やI'm really sorry.（申し訳ありません）よりも軽く謝りたいときに使う表現で、神妙な顔つきで口にするようなフレーズではありません。

◆ **A：Oh, I feel bad.**

　　（あ、ごめん）

　B：Don't feel bad.

　　（いいよ）

　このように（＝Bのように）応じることがよくあります。軽い調子のやりとりであることを感じとってください。

　次は、飛行機に搭乗したときの乗客同士のやりとりに耳をかたむけてみましょう。

◆ **A：Excuse me.**

　　（あのう）

B：Yes?

（はい？）

A：I believe this is my seat.

（ここは私の席だと思うんですが）

B：My number is J-236. Oh, I feel bad. My seat is over there.

（私の番号は J-236 ですね。あ、ごめんなさい。私の席はあっちでした）

A：Don't worry about it.

（気にしないで）

「……してごめんね」とか「……してすまなかったね」と言いたいときは、前置詞（about / for）を置いて、〈I feel bad about ...*ing*./ I feel bad for ...*ing*.〉とします。

◆ **I feel bad about canceling at the last minute.**

（土壇場でキャンセルしちゃってごめんね）

＊at the last minute「土壇場で」(= at the last moment / at the last second)

◆ **I feel bad for not helping you move.**

（引っ越しのお手伝いができなくて悪かったね）

＊move / move house「引っ越しをする」

「さすがですね」

日本人が言いがちな英語

😊 You're great.

ネイティブ流イングリッシュ

👍 **I'm not surprised.**

「さすが！」にあたる表現で、最も簡単な言いまわしは次のようなものでしょう。

◆ **(You're so) Great!**

◆ **(You're so) Amazing!**

◆ **(You're so) Awesome!**

　　*awesome「すごくいい」（〔**オー**スム〕と発音します）

◆ **(You're so) Cool!**

◆ **Good for you!**

　ここで、ネイティブがよく使う、もうひとつの表現をご紹介しましょう。それは〈I'm not surprised.〉という言いまわしです。

　〈I'm not surprised.〉を文字どおり訳してみれば、「驚くにあたらない／当然でしょうね」にあたります。予想どおりのよい知らせを聞いたときに、このように言えば、日本語が伝える「さすがですね」というニュアンスを出すことができます。

◆ **A：Yumi will be the chief director of the committee.**

　　（ユミが今度ね、委員会の理事長になるんだよ）

　B：I'm not surprised.

　　（さすがですね）

　〈I knew it.〉というフレーズを使うこともあります。「もともとわかっていた→やっぱりすごいね／さすがだよ」のニュア

ンスで用います。相手の笑顔を見て、こう言ったりします。

◆ **I knew it. You passed the audition!**
　（さすがだよ。オーディションに受かったのね！）

〈I knew ...〉の後ろに節をとることもあります。

◆ **I knew you were the best!**（さすがはあなたね！）

◆ **I knew you could do it!**（さすが、よくやったね！）

◆ **I knew you were smart!**（さすがに頭がいいね！）

それから、〈That's just like ...〉もよく耳にします。「それは……に似つかわしい→それは……にとって当然といえば当然のことだ」と考えてみましょう。

◆ **You gave everyone in the office chocolate on Valentine's Day? That's just like you.**
　（ヴァレンタインデーに職場のみんなにチョコレートをあげたの？
　さすがよく気が利くね）

ちなみに、身近な家族や仲間を褒めるときは、〈That's my ...〉という表現をよく使います。

◆ **That's my wife!**（さすがは僕の妻だ！）

◆ **That's my daughter!**（それでこそ私の娘だ！）

では、「さすがの○○でも～できないだろう」はどう言いあらわしたらいいのでしょうか。「さすがのアインシュタインでもこの問題は解けないだろう」は次のように言います。

◆ **Even Einstein couldn't solve this problem.**

even（～さえ／～すら）を使って、「アインシュタインでさえもこの問題は解けないだろう」と発想するのです。

「もうちょっとでそっちへ着くよ」

日本人が言いがちな英語
😅 I'll be there in a couple of minutes.

ネイティブ流イングリッシュ
👍 **I'm almost there.**

　待ち合わせの時間に遅れている人が電話や LINE で「もうちょっとでそっちへ着くよ」とか、「もう近くに来てるよ」と伝えるときの表現です。

◆ **A : Where are you?**

　　（いまどこ？）

　B : I'm almost there.

　　（もうちょっとでそっちへ着く）

　ここで問題となるのが "almost" の使い方です。

　日本人の９割は「almost ＝ほとんどの」と覚えているため、このような言いまわしが口をついて出てくるということがありません。

　ネイティブは "almost" という単語をどのようにとらえているのでしょうか。ずばり、「almost は修飾する語の "一歩手前"である」と考えています。

　以下の例文をごらんください。

◆ **Almost all cats like fish.**

　（ほとんどの猫は、魚好きだ）

◆ **I get along with almost everyone.**

　（私は、ほとんどの人とうまくやっていけるのよ）

◆ **The bus was almost empty.**

　（バスは空に近かった）

◆ **I was almost hit by a taxi.**

（もうちょっとでタクシーにひかれるところだった）

◆ **I almost cried.**

（泣きそうになっちゃった）

◆ **I almost died laughing.**

（死ぬほど笑ったよ）

このことを〈I'm almost there.〉という文で考えてみましょう。つまり、「私は there の一歩手前にいる」と言っているのです。

これを応用してみましょう。一緒に目的地や目標に向かって進んでいるときなどに、次のように励まし合うことがあります。

◆ **We're almost there.**

（もうちょっとだ／あと少しだ）

クイズをやっていて、相手が正解に近かった場合なら、

◆ **You're almost there.**

（惜しい／もうちょっとなんだけどなあ）

と言うことができます。マラソンなどをしている人に向かって声をかければ「ゴールはすぐそこだ。がんばれ！」という意味になります。

さて、ここで問題です。相手に伝えようと思っていたことを言い忘れていて、ふいにそのことを思い出したとき、あなただったら何と言いますか。

正解はこれです。

◆ **I almost forgot.**

（いけない、忘れるところだった）

日ごろ、私もよく言っています。

「やめたほうがいいよ」

日本人が言いがちな英語

😥 You shouldn't do that.

ネイティブ流イングリッシュ

👍 I wouldn't do that.

ほぼ9割の日本人が〈You shouldn't do that.〉と言ってしまいがち。正しい英文ですが、なんだか「そうすべきでない」と指図しているようで、"上から目線"を感じてしまいます。

自立した個人であることを尊重する英米圏では、とくにこうした一方的な指示を好みません。

では、「やめたほうがいいよ」と助言したいとき、ネイティブはどのように言っているのでしょうか。

◆ **I wouldn't (do that) if I were you.**

仮定法の文を使って、「私だったらそんなことはしない」と発想するのです。この表現には最終的に判断し決定するのはあなたであるという含みがあります。これは英米文化の根幹をなす考え方と言えましょう。

さらには、主語の"I"を省略して、

◆ **Wouldn't if I were you.**

と言うこともあります。また、if I were you（もし私があなたなら）の部分を省略して、

◆ **I wouldn't do that.**

◆ **Wouldn't do that.**

と表現することもあります。〈I wouldn't do that if I were you.〉と言うよりもカジュアルに聞こえます。

このような遠まわしの言い方をすることにより、丁寧な助言

をしているのだと心得ましょう。

　もうひとつ、仮定法を使った慣用句をご紹介します。それは、

◆ I couldn't care less.

という無関心・居直りを示す言いまわしです。「これより少なく気にかけることもないだろう」から、「どうでもいいことだ／まったく興味ないね／どうであろうと、こっちは痛くもかゆくもない」という意味で用いられるようになりました。"less" の部分にストレスを置いて発音します。このことも覚えておいてください。

◆ A : Did you know Nick was fired?

　　（ニックがクビになったって知ってる？）

　B : I couldn't care less.

　　（興味ないわ）

◆ A : He'll be mad at you if you do that.

　　（そんなことをしたら、彼、怒るわよ）

　B : I couldn't care less.

　　（どうってことないさ）

　アメリカ口語では "I could care less." と言うこともありますが、これを誤用だとするネイティブもまた多く、フォーマルな場では避けたほうが無難です。

「もう二度としません」

（日本人が言いがちな英語）
😅 I'll never do it again.
（ネイティブ流イングリッシュ）
👍 **It won't happen again.**

自分の行動や不始末を反省し、「もう二度としません／以後、気をつけます」と誓うとき、日本人の発想では〈I'll never do it again./ I won't do it again.〉となりますが、ネイティブはこういう言い方よりもむしろ以下の表現を使う傾向があります。

◆ It won't happen again.

◆ It'll never happen again.

　*happen「（予想外のことが）起こる」

「今回しでかしたようなことは二度と起こらないであろう」と発想するのです。

◆ It was my fault. It won't happen again. I promise.

　（私のせいです。二度としません。約束します）

　*one's fault「〜の過失」

主語が "I" ではないので、なんだか他人ごとのような感じがするかもしれませんが、ごく自然な口語表現です。

◆ A：What happened? You're late.

　　（どうしたの？ 遅かったわね）

　B：Sorry. I just overslept. It'll never happen again.

　　（すみません。ただの寝坊です。以後、気をつけます）

主語を "I" にしたいというのであれば、次のように表現することもできます。

◆ I won't let it happen again.

直訳すれば、「今回しでかしたようなことは二度と起こらないようにします」になります。これもよそごとのように聞こえるかもしれませんが、よく使われる言いまわしです。

　これに関連した以下のフレーズも覚えておきましょう。

◆ Don't let it happen again.

　（二度とこういったことのないようにしなさい／以後、気をつけなさい）

◆ A : I'm sorry I forgot to lock the door.

　　　（ドアロックをし忘れてすみませんでした）

　B : Don't let it happen again.

　　　（これからは気をつけてね）

　では、問題です。次の英文はどんな意味になるでしょうか。

◆ It happens.

　もうおわかりですね。「そういうこともあるよ」「よくあることだよ」「しかたないね」などと訳します。"These things happen." とほぼ同じ意味ですが、スラングでは Shit happens.（まあしゃあない）と言うこともあります。

◆ A : He dumped me. He said he's met someone special.

　　　（彼にふられちゃった。好きな人ができたんだって）

　B : It happens.

　　　（そういうこともあるよね）

＊dump「（恋人を）ふる」

＊someone special「特別な人」

「ヤバい！」

😅 Oh, my God!　I can't believe it!

👍 **Oh, my gosh!**

　悪いことや不都合なことが起こりそうなとき、「ヤバ（い）」と声をあげます。信じられないことが起こったときにも「ヤバ（い）」という人もいます。それだけではありません。とくに若い人たちのあいだでは、「最高だ／すごくいい」の意味でも「ヤバ（い）」と言っています。いずれにしても、高ぶる感情をうまく説明できないときに口にしてしまうようです。ある意味、とっても便利な言葉ですが、大人であれば、下品な人だと思われないように、うまく変換して伝える必要があります。

　そこで、「ヤバい」を3つに分けて説明してみましょう。

《たいへん驚いたときの「ヤバい！」》

　喜び、感動、怒り、悲しみ、ショック、興奮、いらだちなど、さまざまな感情をあらわします。

◆ **Oh, my goodness!**
◆ **Oh, my gosh!**
◆ **Oh, my God!**

　"God" は言わずと知れたキリスト教における「神」のことですが、神の名をみだりに口にしてはならないという教えがあるため、ときに敬虔なクリスチャンを不快にさせることもあります。　相手がどの程度信心深いかわからない場合や、近くに子どもがいる場合は、"God" を遠まわしに表現した "gosh" や "goodness" を使うことをおすすめします。

◆ (That's) Incredible!

◆ (That's) Unbelievable!

◆ I can't believe it!

「信じられない」気持ちを強く出したいときは、これらを使ったらいかがでしょうか。目上の人の前でも使えます。

《ポジティブな意味での「ヤバい！」》

美しい、カワイイ、きれい、おもしろい、楽しい、おいしい、かっこいい、すごいという意味を伝える「ヤバい」は以下のとおりです。

◆ (That's) Cool!

◆ (That's) Awesome!

◆ (That's) Amazing!

◆ (That's) Great!

《ネガティブな意味での「ヤバい！」》

最悪、最低、ひどい、まずい、あぶないなどを伝える「ヤバい」には次のようなものがあります。

◆ It sucks.（最低！）

＊suck「(物・事が) ひどく悪い」

◆ Oh, no!（まずいな！／残念だ！）

◆ Gosh!（ゲッ！）

◆ This is not good!（これはまずい状況だ！）

◆ That's crazy!（ありえないでしょ！）

◆ I screwed up!（やっちまったよ！）

◆ I messed up!（しくじった！）

「やだ！ またトーストを焦がしちゃった」

日本人が言いがちな英語

😊 Oh, my God! I just burned the toast again.

ネイティブ流イングリッシュ

👍 **Oops! I just burned the toast again.**

英会話学校にもいろいろあって、

◆ **Oh, my God!**（ヤバい！）

を日本の小学生や幼稚園児に教えているところもあるとか。たしかに〈Oh, my God!〉は喜び、感動、怒り、悲しみ、ショック、興奮、いらだちなど、さまざまな感情をあらわすことができる便利な表現です。しかし、私は「ちょっと待って」と言いたくなってしまうのです（これに関しては前項でも指摘したので省きます）。

さて、とくに怒り、不愉快、嫌悪をあらわして、

◆ **Shit!**（くそっ！）

＊〔**シ**ット〕と発音します。

◆ **Crap!**（くそっ！）

＊〔**ク**ラップ〕と発音します。

などと声をあげることがよくあります。いずれも下品な表現なので、使うときには注意が必要です。

◆ **Shoot!**（ちぇっ！／しまった！）

＊〔**シ**ュート〕と発音します。

〈Shit!〉や〈Crap!〉などの言いまわしと比べると、こちらのほうが"許容"されます。私のおすすめはこれです。

◆ **A：What time is the meeting?**

（ミーティングは何時なの？）

B：Oh, shoot! I forgot.

（あ、しまった！ 忘れてた）

もうひとつの最重要語を覚えましょう。

◆ Oops!（おっと！）

*〔**ウ**ップス〕と発音します。

ちょっとしたミスをしたときに、反射的に口にする "Oops!" です。「あっ！」「やだ！」「しまった！」などと訳してもいいでしょうね。

◆ Oops! I forgot to attach the file.

（あっ！ ファイルを添付し忘れちゃった）

◆ Oops! I almost forgot to forward the email.

（おっと！ メールを転送し忘れるところだった）

"Oops!"はあくまでも小さなミスをしたとき、あるいはしそうになったときに使うのであって、大きな間違いを犯したときに使うと、非常識な人だと思われてしまいます。大きなミスをしたときには、I'm sorry.（ごめんなさい）としっかり謝罪しましょう。

Oops! I forgot to attach the file.

「あっ、電車が止まっている」

日本人が言いがちな英語

✕ Oh, the trains stop.

ネイティブ流イングリッシュ

👍 **Oh, the trains aren't running.**

　駅に行ったら、事故でもあったのか、電車が止まっている様子。そんなとき、「あっ、電車が止まっている」とつぶやきます。この「電車が止まっている」をみなさんはどう言いあらわしますか。

　〔日本人が言いがちな英語〕にあるように"stop"を現在形で使うと、「電車は停車する（ものだ）」という意味になってしまいます。

◆ **This train stops at every station.**

　（この電車は各駅に停まります）

　発想を変えてみましょう。逆に、電車が「動く・走る」はどんな動詞を使いますか。

　"run"という動詞を用います。この"run"は「（電車・バスなどが）運行する」の意味です。つまり、「電車が止まっている」は、英語では「電車が動いていない」と発想するのです。

◆ **The Chuo Line trains are not running now due to mechanical failure.**

　（現在、中央線は車両故障のために電車が止まっています）

　＊due to A「Aが原因で」

　"run"を使っていくつか例文を出してみます。

◆ **The buses run every twenty minutes on weekdays.**

　（バスは平日、20分ごとに出ています）

◆ **The trains don't run after eleven thirty.**

（11 時半以降は電車は動いていません）

◆ **The train for Hakata is running ten minutes late.**

（博多行きの電車は 10 分遅れだ）

◆ **I wonder if the Shinkansen is running in this snow.**

（この雪の中を新幹線は走っているのかな）

では、「止まっている」（状態）ではなく、「止まる」（動作）はどう言ったらいいのでしょうか。

"stop"は「止まる／やめる」であり、「止まっている／やめている」状態をあらわす動詞ではありません。したがって、電車が「運行を停止する」は、一般に"stop（running）"という表現を用います。

◆ A：**The trains might stop (running).**

（このぶんだと電車が止まるかもしれないなあ）

B：**We should go home early today.**

（きょうは早めに帰宅したほうがいいわね）

＊might「（ひょっとしたら）〜かもしれない」

◆ A：**What if the trains stop running?**

（電車が止まったらどうする？）

B：**We'll need to take buses.**

（バスに乗るしかないな）

＊What if ...?「……したらどうしますか？」

このように、電車が「止まる／運行を停止する」は、stop running を使います。

「頭いいね」

× Your head is good.
👍 You're pretty smart.

　難問のクイズを解いたり、気の利いたことを言ったりすると、日本人は「頭いい！」と声をあげます。これを英語にしていただきましょう。

× Your head is good.

　これは私がじっさいに耳にしたフレーズですが、たぶん「あなたの頭の形はいいね」というニュアンスで伝わることでしょう。

◆ Use your head a little more.

　（もうちょっと頭を使いなさい）

「頭を使う」というときには"head"を使うのですが、「頭がいい」という場合は"head"を主語にして言いあらわすことはできません。

「（あなたは）頭がいいね」というとき、ネイティブスピーカーは"smart"という形容詞を使って次のように言います。

◆ You're pretty smart.

　＊pretty「かなり／けっこう」

　＊smart「頭のよい／賢い」

　"clever"という語もまた「聡明な／賢明な」ですが、"smart"はそのくだけた言いまわしとして日常会話で頻繁に用いられます。

　また、日本語では細身な人を指して「彼はスマートだ」と言

ったりしますが、それを He is smart. で言いあらわすことは
できません。そうした場合は、He is slender.（彼はすらりと
している）としましょう。

とはいえ、頭がいいのをあからさまに出すと、周囲から次の
ように注意されます。

◆ **Nobody likes a smart ass.**

（あんまり利口ぶるな／そういう小賢しいことを言うと嫌われるぞ）

＊smart ass / smart aleck「利口ぶった生意気なやつ」

こんなことを言われないように、お互い気をつけましょうね。
「頭いいね」はまた、次のように言いあらわすこともあります。

◆ **You're a genius.**（天才だね／すごいね）

＊genius「天才」（〔**ジー**ニアス〕と発音します）

ずいぶん大げさに聞こえるかもしれませんが、ネイティブは
この表現をたいへんよく用います。

◆ **You're a math genius.**（数学の天才だね）

◆ **You're a linguistic genius.**（語学の天才だね）

◆ **You're a musical genius.**（音楽の天才だね）

形容詞をつけて、「〜の天才」ということもあります。

column

「ついてきて」
⬇
Just follow me.

・・

　目的地がわかりづらいところにある。そうしたとき、口で説明するより、連れていってあげたほうが早いことがあります。そのようなとき、あなたは次のフレーズを口にします。

◆ **I'll show you the way.**

（案内しましょう）

＊show「案内する」

＊the way「そこまでの道のり／そこに至る道」

あるいは、こう言ってもいいでしょうね。

◆ **Let me take you there.**

（連れていってあげますよ）

＊take A there「Aをそこまで連れていく」

ちょっと長すぎますか。では、これでどうでしょう。

◆ **Just follow me.**

（ついてきて）

＊follow A「Aのあとについてくる」（発音は〔**フォロゥ**〕です）

これだったら簡単ですよね。わずか3語ですから。

◆ **A：Where is the Higashiyama Line?**

　　（東山線はどこですか？）

　B：Just follow me.

　　（ついてきて）

これでバッチリです。

学校では教えてくれない

ネイティブが会話でよく使う慣用句

気のせいだよ

「わあ！ おしゃれ！」

日本人が言いがちな英語

😊 Wow! You look gorgeous!

ネイティブ流イングリッシュ

👍 **Wow! Look at you!**

　いつもとはすっかり変わった服装や髪型に驚きの声をあげるときの表現です。

　ネイティブがたいへんよく使うフレーズです。

◆ **Look at you!**

　文字どおり訳せば「（いまの）自分を見てごらんなさい！」ですが、日本語の「見違えるほどだ！／すごく似合うよ！／キマってるね！／イケてるね！」などにあたります。

◆ **A：How do I look?**

　　（どう、似合う？）

　B：Wow! Look at you! You are so beautiful.

　　（わあ！ 素敵！ とってもきれいよ）

笑顔で言うことを忘れずに。

　久しぶりに会った甥っ子や姪っ子が大きくなっていることに驚いて次のように言ったりもします。

◆ **A：Look at you! You've grown so much. How old are you now?**

　　（わあ！ 大きくなったわね。いくつになったの？）

　B：I'm six.

　　（6歳）

服装・髪型・体型だけでなく、何かを上手にやっている子どもに対して用いることもあります。そうしたときは「お見事！

／すごいね！」の意味で使われます。

◆ **A：Look at you! You're riding a bike!**

（上手、上手！ うまく自転車に乗れるようになったね！）

B：I know!

（でしょ！）

ところが、この you を yourself に換えると、意味が一変します。

◆ **Look at yourself!**

（なんてざまだ！）

このように通例、「なんてざまだ！／ひどい格好だ！」の意味で用いられます。たとえば、子どもが泥だらけになって帰ってきたときに、親は〈Look at yourself!〉とあきれます。

◆ **A：Look at yourself! You're covered in mud!**

（なんて格好なの！ 泥だらけじゃない！）

B：I played in the mud with Kenta.

（ケンタと泥んこ遊びをしたんだ）

「ジャーン！」

😅 Look at this!

👍 **Ta-da!**

　プレゼントを差し出すときの表現には以下のようなものがあります。

◆ **This is a present for you.**（はい、プレゼント）

◆ **This is little something for you.**（ほんの気持ちです）

◆ **This is for you.**（はい、これ）

◆ **Here's something for you.**（はい、あなたに）

◆ **You can have this.**（これ、あげる）

◆ **Here you go.**（これ、どうぞ）

　会話例をひとつお見せしましょう。

◆ **A : This is for you.**

　　（はい、これ）

　B : What is it?

　　（何それ？）

　A : Open it. I hope you like it.

　　（開けてみて。気に入ってくれるといいんだけど）

　A : Is this a wind chime by any chance?

　　（これ、もしかして風鈴？）

　B : Bingo!

　　（当たり！）

　A : It's just what I wanted!

　　（欲しかったの、これ！）

*chime「チャイム/鐘の音」

*by any chance「ひょっとして/もしかして」

さて、マジシャンが手品をするとき、よく次のような声をあげます。

◆ **Ta-da!**（ジャジャーン！）

〈Ta-dah!〉と書くこともあります。発音は〔タダー〕です。ファンファーレの音に 由来するようです。日本語の「ジャーン」や「ジャジャーン」にあたります（日本語の場合は銅鑼の音に由来するとか）。なにかを披露するときに、両手を広げるポーズとともに発します。

日本人の耳には、"無料"の意味の「ただ」に聞こえるようです。英語では〈d〉を母音ではさむと〈l〉の音に変化することがよくあり、〔タラー〕と聞こえることもあるようです。

マジシャンばかりでなく、ふだんの会話でもよく使われています。たとえば、友だちのためにつくった手づくりケーキをテーブルにのせながら言ったりします。

◆ **A：Ta-da!**

（ジャーン！）

◆ **B：What is it?**

（何それ？）

◆ **A：Happy birthday!**

（誕生日、おめでとう！）

B：You remembered my birthday! Thank you so much.

（誕生日、覚えててくれたのね！ありがとう）

「ゆっくり、そう、ゆっくり」

日本人が言いがちな英語
😊 Slowly. Slowly.

ネイティブ流イングリッシュ
👍 Easy does it.

　細心の注意を払って物を扱うとき、「ゆっくり、そう、ゆっくり」とか「落ち着いて。慎重にね」などと声をかけます。ネイティブはそんなとき、〈Easy does it.〉という表現を用います。諸説ありますが、1800年代の半ばあたりから使われるようになったようです。

◆ **This thing is fragile. Easy does it.**

（こいつはもろいからね。慎重に運んでよ）

　＊fragile「壊れやすい／もろい」（発音は〔フ**ラ**ジル〕と〔フ**ラァ**ジャイル〕の2通りがあります）

◆ **Easy does it. This piano is pretty heavy, so we have to be careful.**

（そおっとね。このピアノはかなり重いから、気をつけなくちゃね）

　ところで、〈Easy does it.〉の文構造はどうなっているのでしょうか。"easy" には形容詞および副詞用法がありますが、この場合は副詞として用いられています。"easy" の副詞用法は、go easy（ゆっくりやる）/ take it easy（のんきに構える）/ Easier said than done.（言うのは簡単だが、おこなうのは難しい）/ Easy come, easy go.（得やすいものは失いやすい）などの慣用表現に限られ、〈Easy does it.〉もそのひとつです。easy を主語に据えて、「慎重で（easy）あろうとすることは効を奏する（does it）」と考えられています。

また、"Easy did it." のように過去形が使われることはなく、〈Easy does it.〉という形でしか用いられません。英語のフレーズには、このように語順や時制が固定されているものがあるのです。

　Easy（ゆっくり）とだけ声をかけることもあります。

◆ **This is a very expensive sofa. Easy. Easy does it.**

（これはたいへん高価なソファだからね。ゆっくりとね。そう、ゆっくり）

　危険を伴うことをやる人や緊張している人に向かって、「慎重にやるんだぞ」とか「落ち着いてね」とアドバイスすることもあります。

◆ **A : Watch me do tightrope stunts.**

（綱渡りの曲芸をするから見ていて）

　B : Easy does it. Don't hurt yourself.

（落ち着いてね。ケガしないでよ）

＊do tightrope stunts「綱渡りの曲芸をする」

＊hurt oneself「ケガをする」

「お気を悪くなさらないでください」

「悪気はないです」とか、「気を悪くなさらないでくださいね」というとき、ネイティブは〈No offense.〉という慣用句を用います。これは I mean no offense./ I meant no offense./ No offense is[was] meant.などの縮約形と考えることができます（"mean"は「意図する」の意味です）。"offense"は「感情を害すること／侮辱」にあたる名詞で、その前に"no"をつけることで「悪い感情はまったく持っていない」という意味を伝えます。

◆ **No offense, but I disagree with you on this.**

（お気を悪くなさらないでくださいね。でも、この件に関しては同意しかねます）

相手の表情を伺ってから、急いでつけ加えることもあります。その場合は、「ごめん、言い過ぎちゃった」というニュアンスで用います。

◆ **A : Well, that's a stupid idea.**

（なんて言うか、そのアイディアはバカげているよ）

B : Stupid? It was my idea!

（バカげてるって？ 私の発案だったのよ）

A : Sorry. No offense. I just don't think it's doable.

（ごめん。悪気はないんだ。ただ実行不可能のように思えるんだ）

＊doable「実行可能な／することができる」（〔**デュー**アボゥ〕と発音

します）

　これに対して、「いや、気にしていないよ」とか「悪気があるとは思っていないよ」と答える場合は〈None taken.〉という言い方をします。

◆ **A：Sorry. No offense.**

　　（ごめん。言い過ぎた）

　B：None taken.

　　（気にしていないよ）

〈No offense, but ...〉で使われることもよくあります。相手にとって耳の痛い、ちょっとキツいことをこれから言うという合図になります。

◆ **No offense, but these veggies are mushy.**
　You overcooked them.

　（言っちゃ悪いけど、野菜がぐちゃぐちゃだね。煮すぎだよ）

　＊veggie「野菜」

　＊mushy「どろどろの／かゆ状の／ぐちゃぐちゃの」

　＊overcook「煮すぎる／焼きすぎる」

　後ろに intended（意図された）をつけて、〈No offense intended, but ...〉とすることもよくあります。そうすることで、いくぶん丁寧に聞こえます。

◆ **No offense intended, but that tie doesn't go well with that shirt.**

　（ケチをつけるわけじゃないけど、ネクタイがシャツに合ってないね）

　＊go (well) with A「Aと（うまく）調和する」

「さあ、いよいよだ」

(日本人が言いがちな英語)
😃 The moment has come.
(ネイティブ流イングリッシュ)
👍 **This is it.**

〈This is it.〉という表現には3つの意味があります。

1つめは、モノを指差して使う「これです／そう、これこれ」にあたる言いまわしです。

◆ **A：Have you found the book you were looking for?**

(探していた本は見つかった？)

B：Not yet ... Oh, this is it!

(まだ ... あ、あった！)

2つめは、「これだけ？」の意味で用いられる〈This is it?〉という疑問形です。

◆ **A：Happy Mother's Day! Here.**

(母の日、おめでとう！ どうぞ)

B：This is it? Just a card?

(これだけ？ カードだけ？)

不満をあらわして、「たったこれだけ？」というニュアンスがあることを感じとってください。

3つめは、「さあ、いよいよだ／お待ちかねのもの（瞬間）だ」に相当する表現です。

◆ **A：This is it.**

(いよいよだね)

B：The moment we've been waiting for.

(待ちに待った瞬間だ)

これは最終局面に挑む際に覚悟を表明するときの「これで終わりだ」にあたる言いまわしです。

〈This is it.〉と聞けば、「キング・オブ・ポップ」（King of Pop）と称されたマイケル・ジャクソンを思い出す読者もたくさんいるでしょう。亡くなったあとにつくられたドキュメンタリー映画も『*THIS IS IT*』でした。

◆ I just wanted to say that these will be my final show performances in London. When I say this is it, it really means this is it.

　（僕が言いたかったのは、これがロンドンでの最後のパフォーマンスになるということです。僕が最後だと言ったら、本当に最後なんです）

　先ほど〈This is it.〉は「最終局面に挑む際に覚悟を表明するときの表現」と言いましたが、この発言で用いられている〈This is it.〉は「これが最後」と訳したほうがいいでしょうね。実際、「THIS IS IT」のツアーを発表するも、公演開始の1カ月前に死去したため、〈This is it.〉という言いまわしは「これが最後」というニュアンスを強く含意するようになったのです。

　ちなみに、Michael Jackson の読み方は〔マイケル・ジャクソン〕ではなく、〔**マイコォ・ジャクスン**〕です。

「よくがんばった！」

「よくがんばった！」とか「いいぞ！」と人を褒めるとき、ネイティブはよく〈Way to go!〉と言います。

◆ (That's the) Way to go!

後半の部分だけを言うのが一般的です。アメリカ人はこれを〔**ウェイルゴゥ**〕のように発音します。Good job!（よくやった！）/ Nice work!（素晴らしいできばえだ！）/ Good for you!（よかったよ！）の意味に近いカジュアルな言いまわしです。

もともとスポーツでゴールを決めたり、見事なショットを打ったりしたときの掛け声（「よし！／その調子！」にあたる表現）として用いられていましたが、現在では分野を問わず、努力して目標を達成した人に対する賞賛の言葉として広く使われています。

ところがこの表現、私の知る限り、日本の学校の教科書にはまったく出てこない。どうしたわけでしょう。「実用英語」を重視するのだったら、〈Way to go!〉のような日常語をまず覚えたほうがいいと思います。

◆ A：I just scored three goals. I've scored 99 goals in all.

（3得点決めたよ。これで計99ゴールだ）

B：That's great. Way to go!

（そいつはすごい。がんばったね）

A：Thank you.

（ありがとう）

＊in all「全部で／合計で」

大きなことを達成した人に「おめでとう！」や「立派なもの
だ！」と称えるときにも用いられます。

◆ A：I just got into Yale.

（イェールに受かったよ）

B：Way to go, Tim. I'm very proud of you.

（おめでとう、ティム。ほんとに誇りに思うよ）

また、なにかヘマをしてしまった人に対して、皮肉っぽく「や
ってくれたね、もう」とあきれ顔で言うこともあります。

◆ A：Woops. I emailed everyone the wrong day.

（おっと。みんなに間違った日をメールしちゃった）

B：What!?

（何 !?）

A：No wonder no one is here.

（どうりで誰も来ないわけだ）

B：Way to go, Fred.

（やってくれたね、フレド）

＊No wonder ...「どうりで……」（40ページを参照してください）

「彼は人づき合いが上手ね」

日本人が言いがちな英語

😳 He is the type of person who is good at interacting with others.

ネイティブ流イングリッシュ

👍 He is a people person.

英語では、「人づき合いがうまい人」のことを〈a people person〉と言います。

◆ He is an extrovert, a real people person.

（彼は社交的な人だよ。人づき合いもうまいし）

◆ She was a people person. She was warm, outgoing, and an excellent listener.

（彼女は人づき合いのうまい人でした。温かくて、社交的で、人の話をよく聞く人でした）

〈a people person〉という言いまわしを知らない人のために、あえてextrovert（外向型の人）/outgoing（社交的な）/sociable（社交的な）などの表現を加えることもあります。

実際、人づき合いが好きな人とそうでない人がいます。成功者はほとんどが前者ですね。アメリカでは、そうした社交術を身につけようとして、研修セミナーに足を運ぶ人もいます。

〈a ... person〉はたいへん使い勝手のよいものです。慣れると、「こんなに短く言えるんだ」と納得するはずです。以下の例文も参考にしてください。

◆ A：Are you more a dog person or a cat person?

（あなたはイヌ派、それともネコ派？）

B：Oh, definitely a cat person! I really like their quirkiness.

（断然ネコ派！気まぐれなところがたまらないね）

*quirkiness「気まぐれ」（〔クワーキニス〕と発音します）

◆ A：Are you a coffee person or a tea person?

（コーヒー党、それとも紅茶党？）

　 B：Neither. I'm a beer and a wine person.

（どちらでもない。ビール党で、かつワイン党なんだ）

◆ A：Is Bob a morning person?

（ボブは朝型人間なの？）

　 B：Yes. I'm a night person, though.

（そうなの。もっとも私は夜型人間だけど）

そのほか、次のようなフレーズもあります。

◆ Are you an outdoors or indoors person?

（あなたはアウトドア派？ インドア派？）

◆ Are you a city person or a country person?

（あなたは都会好き？ 田舎好き？）

◆ She's a beach person, but he's a mountain person.

（彼女は海好きだけど、彼は山好きだ）

◆ I'm more of a book person than a movie person.

（私は映画好きというよりも本好き人間なの）

*be more of a ...「（好みや資質に言及して）より……である」（be much of a ...の比較級表現）

「ねえ、早く聞かせて」

日本人が言いがちな英語

😖 I want to hear about it.

ネイティブ流イングリッシュ

👍 I'm all ears.

　興味しんしんの聞き手が話し手から情報を聞き出したいとき、「ぜひ聞かせてください／ねえ、早く聞かせて／話して話して」とせっつきますが、そんなときネイティブは独特の言いまわしをします。

◆ **I'm all ears.**

「全身が耳状態である」と表現するのです。「全身を耳にしている」→「耳をそばだてている／熱心に聞き入っている」と転じたのです。こう覚えておけば、すぐに覚えられるでしょう。〈I'm all ears.〉はまた、〈I'm listening.〉に言い換えることもできます。

◆ **A : I've got big news for you.**

　　（すごいニュースがあるんだ）

　B : What is it? I'm listening.

　　（何？ 早く聞かせて）

〈I'm all ears.〉はまた、「ちゃんと聞いているよ」の意味で用いられることもあります。

◆ **A : Are you listening?**

　　（ちゃんと聞いてるの？）

　B : Yep. I'm all ears.

　　（もちろん、聞いてるよ）

では、ここで問題です。

◆ I'm all eyes.

これはどんな意味になるでしょうか？

「私は全身が目である」わけですから、もうおわかりですね。「ぜひ見せてよ／見せて見せて／見てるから早くやってよ」という意味になるのです。

◆ A：Would you like to see my new creation?

　　（私の新作をごらんになりますか？）

　B：I'm all eyes.

　　（ぜひ拝見したいです）

＊creation「創作品／考案品」

〈all eyes〉と〈all ears〉を一緒にして、次のように言うこともあります。

◆ The kids were all eyes and all ears.

（子どもたちは目を見開き、耳を傾けていた）

「耳」がらみで、問題をもうひとつ。次の文の意味がわかりますか。

◆ Linda looks smart but has nothing between the ears.

＊smart「賢明な／利口な」

「耳と耳のあいだに何もない」ということは、「脳みそがない」ということ。すなわち「頭が空っぽ」を意味するのです。というわけで、この文は「リンダは賢そうに見えるけど、頭は空っぽだ」と言っているのです。

「やっぱりおいしいね」

夏の暑い日にビールをあおって、

「たまらないね、これは」

と言っている人を見かけます。

あるいは、大好物の鰻をほおばって、

「やっぱりこれに限るね」

とうれしそうに声をあげる人もいます。

このようなとき、日本人の場合、

◆ **This is good.**（これ、うまい）

◆ **Delicious!**（とてもおいしい！）

と感嘆の声をあげますが、ネイティブはしばしば次のように言うことがあります。

◆ **It really hits the spot!**

（こいつに限るね！／これだよ、これ！）

〈hit the spot〉は射撃で標的の真ん中を撃つことから生まれたイディオムで、「まさにぴったりである」ことから、飲み物や食べ物が「申し分ない／じつに満足のゆくものである／もってこいだ」というときに用います。ただ「おいしい！」ではなく、「これだよ、これ！」といったニュアンスがあります。

食べ終えたあとに、

◆ **That hit the spot!**

（満足！）

なんていうのもよく耳にします。

冬の夜、とある居酒屋でのこと。知り合いの日本人（中年男性）は、日本酒を熱燗（あつかん）でひとくち飲むと、おもむろにこう言いました。

「いやあ、ゴゾウロップ（五臓六腑）にしみわたるねえ」

へえ、こういう言い方をするのですね。

で、ふと思ったのです。これこそが〈hit the spot〉ではないかと。

主語を入れ替えて練習してみましょう。

◆ **Beer hits the spot on a hot day like this.**

（こんな暑い日はビールに限る）

◆ **Your chocolate cookies really hit the spot.**

（きみのチョコレートクッキーは最高においしかったよ）

◆ **That coffee really hit the spot.**

（そのコーヒーで目が覚めた／そのコーヒーで気分転換になった）

ついでに、There's nothing like A.（Aほどいいものはない）というフレーズも合わせて覚えておきましょう。これは飲食物以外のものにも使えます。

◆ **A : There's nothing like an onsen after a long day!**

（長い一日の終わりの温泉って最高！）

　 B : How refreshing!

（生き返るわ！）

＊refreshing「気分を爽快にする」（形容詞）

「これからのことはまだ何も決まっていない」

😞 I haven't decided what to do next.

👍 **Nothing is set in stone.**

　stone（石）にまつわる慣用句はたくさんありますが、なかでも会話でよく使われるのが次の言いまわしです。先日、TVを見ていたら、ある女子テニス選手が記者会見の場でこれからのキャリアについて聞かれて、こんなふうに応じていました。

◆ **Nothing is set in stone.**

（まだ何も確定していない）

「石の中に刻まれたものは何ひとつない」と言ったのです。こう言われてピンとくる日本人はまずいないでしょう。

　じつはこれ、聖書の「モーゼが神から授かった石板に刻まれた十戒」に由来したもので、そこから転じて、石に刻まれたものは変えられない、あるいはまた決して変えてはならないという教えになり、それを "nothing" とともに用いることによって、「いま現在、確定しているものは何ひとつない／方針が変更不可能なものはない／手を加える余地はまだ残っている」という慣用句になったのです。

◆ **I've just begun planning. Nothing is set in stone.**

（計画を練り始めたばかりなので、確定しているものは何ひとつありません）

　"stone" がらみで、もうひとつ覚えましょう。みなさんは "leave no stone unturned" というイディオムを聞いたことがありますか。

◆ **A : Make sure you leave no stone unturned.**

（できることはすべてやってください）

B : Leave no what?

（何を残さない？）

A : Leave no stone unturned. It means "do everything possible".

（ひっくり返さない石は１つもないようにする。つまり、できることはすべてやるという意味です）

*Make sure ... 「……になるように確かめてください」

"leave no stone unturned"は、do everything possible / do everything one can とほぼ同じで、「あらゆる手段を講じる／やれることはすべてやる／八方手を尽くす」という意味です。

刑事ドラマなんかを見ていると、署長（police chief）がよくこんなふうに部下に命じています。

◆ **Leave no stone unturned until you find the gun.**

（草の根を分けてもその銃を捜し出せ）

このイディオムの歴史は紀元前にさかのぼり、隠された財宝を探し出そうとした者が Delphi（デルフィ）のアポロ神殿にお伺いを立てたところ、それが Leave no stone unturned.（あらゆる石をひっくり返してみよ→あらゆる手段を講じよ）であったという故事に由来しています。

「つい癖で、爪をかんでしまう」

日本人が言いがちな英語

✗ I have a habit to bite my nails.

ネイティブ流イングリッシュ

👍 Out of habit, I bite my nails.

　社会や共同体の「慣習」は "custom" ですが、個人の「習慣」や「癖」は "habit" と言います。とはいえ、単語の意味は理解していても、フレーズを覚えていないのでかなり誤用が目立ちます。「……する習慣がある」は、

　✗ have a habit to *do*

　○ have a habit of ...*ing*

です。この単語はフレーズで覚えると便利です。

　覚えていただきたい言いまわしは4つあります。

　1つめは〈have a habit of ...*ing*〉で、日本語の「……する癖がある／……する性癖がある」に相当します。

◆ **He has a habit of clearing his throat every time he speaks.**

（彼は話をするたびにせき払いをする癖がある）

　2つめは「……する癖をつける」にあたる〈get into the habit of ...*ing*〉です。

◆ **You need to get into the habit of thinking positive.**

（ものごとを前向きに考える癖をつけないといけないよ）

＊think positive「ポジティブ思考をする」（212ページ参照）

　3つめは「……する癖をなおす／……する癖を断ち切る」にあたる〈get out of the habit of ...*ing*〉と〈break [kick] the habit of ...*ing*〉です。

◆ **I need to get out of the habit of buying cheap things.**

（安物買いをする習慣をやめなくちゃ）

◆ **I want to break the habit of biting my nails.**

（爪をかむ癖をなおしたい）

＊break「（習慣・癖を）断ち切る／やめる」

◆ **I'm going to kick the habit of smoking this year.**

（今年こそはタバコをやめるつもりだ）

＊kick「（悪習・悪癖を）断つ／やめる」

そして、４つめが「つい習慣で／つい癖で」にあたる〈out of habit〉で、これがなかなか日本人の口からは出てきません。

◆ **Out of habit, I reach for my phone as soon as I get up.**

（習慣で、起きるとすぐにスマホを手に取ってしまいます）

＊口語では通例、スマホや携帯電話は"phone"のひとことで言いあらわします。

◆ **I bow on the phone out of habit. After all, I'm Japanese.**

（つい癖で、電話でおじぎをしてしまうんだ。やっぱり僕は日本人だね）

＊bow「おじぎをする」（〔バウ〕と発音します）

文頭だけでなく、文末においても用います。

（映画の評価をたずねられて）
「10点満点だね」

日本人が言いがちな英語
😅 I would rate it a ten.
ネイティブ流イングリッシュ
👍 **I'd give it a ten.**

　映画を観てきた人に、「その映画、10点満点で何点あげる？」と聞いてみましょう。ネイティブは決まり文句のように、次のように言います。

◆ **On a scale of one to ten, what would you give that movie?**

　で、「10点満点だ」という場合、次のように答えます。

◆ **I'd give it a (perfect) ten (out of ten).**

　「out of 10（10点中）だと、it（その映画）に○点を与えるだろう」と言いあらわすのです。

◆ **A : On a scale of one to ten, what would you give that movie?**

　　（その映画、10点満点で何点あげる？）

　B : Well, I'd give it an 8 (out of ten).

　　（そうだなあ、8点だね）

　"an 8"の部分にも注目してください。「8というひとつ評価」なので、冠詞の"an"がついているのです。「0点」なら、

◆ **I'd give it a zero.**（0点だね）

　と言います。

　"How did you like the movie?"と映画の感想を聞かれて、次のように答えることもよくあります。

◆ **It was funny.** （面白かった）

◆ **It was great.** （よかった）

◆ **Much better than expected.**

（思っていたよりずっとよかった）

感動の気持ちを込めて、以下のように言うこともあります。

◆ **It was touching.** （感動的だった）

◆ **I cried.** （泣けちゃった）

◆ **I laughed until my stomach hurt.**

（お腹が痛くなるほど笑ったよ）

傑作だと思うのなら、こんなふうに言います。

◆ **It's a masterpiece.** （傑作だ）

◆ **It's a classic.** （最高傑作だ）

駄作と感じたら、こう言い放ちます。

◆ **It's a turkey.** （駄作だ）

＊turkey（七面鳥）は、映画や演劇をけなして「駄作／失敗作」をあら
わします。

◆ **It's a flop.** （失敗作だ）

＊flop〔フ**ラ**ップ〕は「ドスンと落ちること」から転じて「失敗作」の意
味を持つようになりました。ネイティブは"hit" の反対語としてこの
語をとらえています。

◆ **It was boring.** （退屈だった）

◆ **I walked out of it.** （途中で出ちゃった）

＊walk out of A「Aから途中退場する」

◆ **It sucked!** （最低だった！）

＊suck〔**サ**ク〕は「最悪である／なっていない」という意味の動詞です。

「早ければ早いほどいい」

日本人が言いがちな英語

😖 It's better to do it as soon as possible.

ネイティブ流イングリッシュ

👍 **The sooner, the better.**

〈The + 比較級 ..., the + 比較級 〜〉は、「……するほど、より〜になる」という意味の構文です。大学受験においては欠かすことのできない重要構文ですが、そのことによって「実用英語ではない」と勘違いしている人がいるようです。

実情はそうではありません。日常会話でもたいへんよく使われています。ここではとくによく使われる慣用表現を3つご紹介します。なかでも、もっとも使用頻度が高いフレーズが〈The sooner, the better.〉ではないでしょうか。

◆ **A : When is the deadline?**

（締め切りはいつ？）

B : The sooner, the better.

（早ければ早いほどいいんだけど）

次によく使われているのが、〈The more, the merrier.〉でしょうね。パーティに参加してもよいかとたずねられたとき、「大歓迎です。人が多いほうが楽しいですから」と応じます。そうしたときの定番表現です。〈The more people there are, the merrier the party will be.〉の短縮表現です。

◆ **A : Mind if I come along with you all to the pub?**

（パブにみなさんとご一緒してもよろしいですか？）

B : Not at all. The more, the merrier.

（もちろん。多ければ多いほど、楽しくなるからね）

＊(Do you) Mind if I ...?「……してもかまいませんか？」

（"mind"は「嫌がる」の意。直訳的な和文は「もし私が……したら、あなたは嫌がりますか？」です。というわけで、〈Not at all.〉で承諾をあらわします）

＊come along with A「Aと一緒に行く」

最後は、〈The less said, the better.〉です。"The less said (about A), the better." の略で、「Aについて話題にしなければ、それがより好ましい」、つまり「その話はもうよしてよ／その話はもうしないで」と懇願するときの表現です。

◆ A : I heard you took a trip to the Philippines! How
   was it?

   （フィリピンへ旅行に行ったって聞いたよ！どうだった？）

 B : The less said, the better.

   （何も言わないことにしておくわ）

 A : That bad?

   （そんなにダメだったの？）

 B : It was a disaster.

   （最悪だった）

＊disaster「災難／ひどいもの／まったくの失敗」

「せっかくだから」

日本人が言いがちな英語

? I guess I'll do it.

ネイティブ流イングリッシュ

👍 Might as well.

今回は「せっかく」という日本語にフォーカスしてみましょう。「せっかく」はおもに、提案の実現に心を寄せているときに用います。以下の例をごらんください。

◆ **A : Good to see you again in Hawaii. Why don't we take a picture?**

（ハワイでまたお会いできてうれしいです。まず写真を撮りましょうよ）

B : Might as well.

（せっかくですからね）

◆ **A : Would you like some local cheese with your wine?**

（ワインと一緒に地元のチーズをお召しあがりませんか？）

B : We might as well.

（せっかくですから）

それぞれAの提案にBが心を寄せていることがわかります。〈might as well〉は〈might as well ~ （as not）〉のことで、「……しないことと同程度に~することは認められうる」と考えられており、「（ほかのことをする理由がないなら）~したほうがよい」という意味を持つようになったのです。それを意訳して「せっかくだから」としているのです。その意味では、should（~するのがいい）に近い表現と言えます。

〈Might as well.〉は〈I [We] Might as well.〉のことですが、
1人称の主語を省略したほうが親しみのある表現になります。

次に、「せっかく〜なので、……しましょう」という言いま
わしを覚えましょう。これはほとんどの場合、〈Since 〜 ,
let's ...〉で言いあらわすことができます。

◆ **Since we're here in Kyoto, let's visit Kinkakuji.**

（せっかく京都にいるんだから、金閣寺へ行ってみようよ）

◆ **Since you're in town, let's have dinner together tonight.**

（せっかくここにいるんだから、今晩は一緒に夕飯を食べましょう）

最後は、「せっかく……したのに」という言い方でしめくく
りましょう。これは〈even though ...〉という接続詞を使え
ばたいていOKです。

◆ **Even though I worked really hard, I didn't get a raise.**

（せっかく頑張って働いたのに、ぜんぜん給料が上がらなかった）

＊even though ...「……にもかかわらず／……なのに」

＊get a (pay) raise「昇給する」

◆ **Even though I studied hard, I barely passed the test.**

（せっかく一生懸命勉強したのに、テストはぎりぎりで合格だった）

＊barely「かろうじて／やっとのことで」（[**ベア**リ]と発音します）

「困ったときはお互いさまです」

日本人が言いがちな英語

😊 We should help each other in times of need.

ネイティブ流イングリッシュ

👍 You scratch my back, I'll scratch yours.

〔日本人が言いがちな英語〕で示した英文でも十分伝わりますが、ネイティブはこのような定番フレーズを使います。

文字どおり、「私の背中を掻いてくれるのなら、あなたの背中を掻いてあげよう」という意味です。自分で自分の背中を掻くのは難しいものです。自分のできないことをあなたがやってくれるのなら、そのお返しにあなたのできないことをやってあげようというわけです。

◆ You scratch my back, (and) I'll scratch yours.

◆ If you scratch my back, I'll scratch yours.

日常会話では、最初のものがよく使われています。「私のためにうまくやってくれるのなら、こちらもお返しをしよう／お互いに助け合おう」という相互扶助（reciprocity）をあらわす言いまわしで、日本語の「魚心あれば水心」にあたる英語ヴァージョンです。とは言うものの、不正なことに手を染めるのだから、それなりの見返りは期待しているよという脅し文句として用いられることもあります。

◆ A：I need cash.

（現金が必要なんだ）

B：You know, you scratch my back, I'll scratch yours.

（困ったときはお互いさまだよ）

では、ここで問題です。

〈from scratch〉という表現の意味がわかりますか。

名詞の "scratch" は、皮膚の「すり傷／（引っ）かき傷」であり、物の「引っかき傷」です。

◆ **You have a slight scratch on your neck.**

（首に小さな引っかき傷があるよ）

◆ **There are some tiny scratches on this glass.**

（このグラスにはとても小さな傷がいくつもある）

◆ **He survived the car crash without a scratch.**

（彼はかすり傷ひとつもなく、その自動車事故を生き延びた）

スポーツ競技をするとき、地面を引っ掻いてスタートラインを描くことがありますね。そこから〈from scratch〉は「ゼロから／初めから」（from the first / from the start）の意味を持つようになりました。

◆ **She built the business from scratch.**

（彼女はゼロから会社を築きあげた）

◆ **Did you make this cake from scratch?**

（このケーキはミックスを使わずに一からつくったのですか？）

◆ **We need to start over from scratch.**

（最初からやり直す必要があるね）

＊start over「やり直す」

◆ **He designed the website from scratch.**

（彼はゼロからウェブサイトをデザインした）

「言いたいことはわかるよ」

日本人が言いがちな英語
😅 I know what you mean.
ネイティブ流イングリッシュ
👍 **I hear you.**

　相手に共感や同意をするときの表現に次のようなものがあります。

◆ **I know[understand] what you mean.**
（わかります／そのとおりですね）
次は会話でごらんください。

◆ **A : When I see animal cruelty, it makes me sick.**
（動物虐待を見ると、気分が悪くなるわ）
B : I know what you mean.
（わかります）
＊cruelty「虐待／無慈悲」（〔クルーアルティ〕と発音します）
全面的に共感（同意）していることがわかりますね。

　では、共感を示さず、「いちおう話だけは聞いた」というニュアンスを伝えたいとき、ネイティブはどのような言いまわしをするのでしょうか。

◆ **I hear you.**
（あなたの考えはわかった）

◆ **I hear what you are saying.**
（言いたいことはわかった）

　多くの場合、後ろには「でも、同意しかねる」のように、「でも……」が用意されています。

◆ **A : If it goes on like this, we'll go bankrupt.**

（このままだと、うちは倒産だ）

B：I hear you.

（わかってるよ）

＊go on like this「このまま続く」

＊go bankrupt「倒産する」

この〈I hear you.〉の後ろには、「でも、何ができるというのだろう？」などの含みがあると見たほうがいいですね。実際、後ろに "but ..." を続けることもよくあります。

◆ A：The rent in Tokyo is too high.

（東京の家賃は高すぎるよ）

B：I hear you, but the same is true of other big cities.

（そうだけど、大都市はどこもそうじゃないかな）

＊rent「家賃／部屋代」

＊The same is true of A.「同じことがAにもあてはまる」

先ほどの〈I know [understand] what you mean.〉の後ろでも、"but ..." を続けることがあるのですが、"but ..." という後続文のない〈I know [understand] what you mean.〉はたんに共感や同意をあらわすものと思ってください。

「ここだけの話だけど……」

😔 This is a secret, ...

👍 **Between us, ...**

「ここだけの話だけど」とか「ないしょの話だけど」と前置きして、こっそり秘密の話をし始めることがあります。そんなとき、ネイティブは小声でこんなふうにささやきます。

◆ **This is (just) between you and me, ...**

（これはここだけの話だけど……）

◆ **This is a secret (just) between us, ...**

（これは二人だけの秘密だよ……）

◆ **(Just) Between you and me, ...**

（ここだけの話だけど……）

◆ **(Just) Between us, ...**

（ないしょの話だけど……）

どれも自然な英語ですが、なかでも下の2つはよく用いられています。

◆ **A : Have you heard?**

（聞いた？）

B : No. What?

（ううん。何？）

A : Between us, Gary is quitting his job.

（ないしょの話だけど、ゲイリーが仕事を辞めるんだ）

日本人もそうですが、「これはオフレコだよ」と言ってから話し始める人もいます。記者会見やインタビューの際に、記録

148

や公表をさし控えてもらうことを「オフレコ」と言います。これは〈off the record〉の略です（"record" は「記録」という意味）。「オフレコでお願いします」と言えば、「ここだけの話にしてください」ということになります。

◆ **A : Everything I'm about to tell you is off the record.**

（これから話すことはオフレコだよ）

B : I get it. I can keep a secret.

（わかった。誰にも言わない）

では、ここで問題です。

言ってはならないことを他言しないことを、日本語では「口が堅い」と言っていますが、英語にも決まり文句があります。さて、それは何でしょうか。

―― これです。

◆ **My lips are sealed.**

（このことは誰にも言いません／口は堅いんだ／口止めされているんだ）

＊lip「くちびる」

＊seal「固く閉じる／封印する」（発音は〔シール〕ではなく、〔**シィ**ーゥ〕です）

しばしば口にチャックするジェスチャーを伴います。

「トイレ、我慢できる？」

日本人が言いがちな英語

✕ Can you endure the toilet?

ネイティブ流イングリッシュ

👍 **Can you hold it?**

　高速道路の渋滞でトイレを我慢しなければならない。しかし、どうしてもトイレに行きたい。そんなとき、次のように声をあげます。

◆ **I need to go to the restroom.**

　（トイレに行きたいんだけど）

　でも、トイレがあるのは少し先のサービスエリア。同乗者はすかさず以下のように聞きます。

◆ **Can you hold it?**

　（我慢できる？）

　この "hold" は「持ちこたえる」、"it" はわかりきっている「それ」を指しています。

◆ **A : Can you hold it for five more minutes?**

　　（もう5分、我慢できる？）

　B : Well, I think so.

　　（まあ、なんとか）

　日本人の場合、「我慢する」というと、"endure" とか "stand" などを思いつくようですが、"endure" は「(苦しみ・悲しみなどの重みに) じっと耐え忍ぶ」です。いくぶん「カタい」感じがする単語です。

◆ **They endured many hardships for years.**

　（彼らは何年にもわたって幾多の困難に耐えてきた）

"bear"は「自制心をはたらかせて受け入れる」で、通例、否定文で用います。

◆ **I can't bear such a boring job.**

（こんな退屈な仕事には耐えられない）

"stand"は「黙って受け入れる」で、"bear"よりも口語的な表現です。これも否定文で用います。

◆ **I can't stand this heat any more.**

（この暑さにはもう我慢できない）

"put up with"はじっと我慢するというより、「しょうがないからあきらめる」といったニュアンスがあります。

◆ **We'll have to put up with a little inconvenience.**

（少々の不便は我慢しなくてならない）

しかし、これらは苦痛を伴うような不快なことを「我慢する」であって、トイレを「我慢する」というときには用いられません。「トイレを我慢する」は "hold it" と覚えましょう。

以下、子どもとママの会話を聞いてみましょう。

◆ **A：Mom! I have to pee now.**

（ママ！ おしっこしたい！）

　B：We've got to find a restroom. Try to hold it.

（トイレを探すから、我慢して）

　A：I can't hold it!

（我慢できない！）

「あの何とかという男の人があそこにいるよ」

日本人が言いがちな英語

？ The guy whose name I can't remember is over there.

ネイティブ流イングリッシュ

👍 **What's-his-name is over there.**

　人の名前をど忘れして、「ほら、あの、何とかという人」と言ってしまうことがよくありますよね。〔日本人が言いがちな英語〕で示した文は文法的には正しいのですが、こんなふうに言うネイティブはまずいないでしょう。

　では、どのように言ったらいいのでしょうか。そんなとき、ネイティブは what's-his-name（何とかという名前の男性）と表現します。速く読むと、what-sis-name〔ワッツィズネイム〕と聞こえるので、"whatsisname" と書くこともあります。会話ではしょっちゅう使われているのに、日本人で使いこなしている人はあまりいないようです。

◆ **A：Look! What's-his-name is over there.**

　　（見て。あの何とかという男の人があそこにいるよ）

　B：Where?

　　（どこ？）

　A：Under the tree.

　　（木の下）

　B：Oh, I see him.

　　（あ、ほんとだ）

　男性ではなく、「何とかという名前の女性」と言いたいときは、what's-her-name になり、〔ワッツァネイム〕の発音どおり、これも短く "whatsername" と記述されることがあります。

会話の途中で、話題になっている人の名前を聞きそびれたり、あえてその名を口にせず、「その何とかという人」というときにも使われます。

◆ A：Did you see what's-her-name at the party?

（パーティでその何とかという女性を見かけたかい？）

B：Who?

（誰？）

A：The woman with long hair from Hong Kong.

（長髪の、香港からやって来た女性）

B：You mean Amy?

（エイミーのこと？）

　では、ここで問題です。複数の人たちを指して、「そのなんとかという名前の人たち／例の人たち」と言いたいときは何と言ったらいいのでしょうか。

　簡単ですね。

　そう、"what's-their-names" になります。

◆ A：Are what's-their-names coming with us?

（その何とかという連中も来るのかい？）

B：Who, the Tanakas? Yes, they're coming.

（誰？ 田中さんちの人たち？ ええ、彼らも来るわ）

　この場合は、複数（names）にすることをお忘れなく。

「あれを探しているんだけど」

✗ I'm looking for that.
👍 I'm looking for that thing.

　モノの名前が思い出せないときに「あの、あれだよ」とよく言います。もちろんこれは日本人にかぎったことではなく、世界共通の言いまわしでしょう。

　＊「あれ／あのこと」＝ that thing
　＊「これ／このこと」＝ this thing

　このように覚えましょう。

　それが何であるかわからない場合は、次のように聞き返します。

◆ **What thing?**

　（何のこと？）

　これらを使ったやりとりを以下の文で確認してみましょう。場所は結婚式の披露宴会場の受付です。

◆ A : **Did you bring that thing?**

　　　（あれ、持ってきた？）

　B : **What thing? Do you mean this thing?**

　　　（何のこと？ これのこと？）

　A : **No. I'm not talking about your camera.**
　　　The wedding gift envelope.

　　　（違う。カメラじゃない。結婚のご祝儀袋よ）

　もうひとつ、とっておきの言いまわしをご紹介しましょう。ある単語を思い出せないとき、ネイティブはよく "what-cha-ma-call-it”という表現を口にします。

◆ **I'm looking for a what-cha-ma-call-it.**

（あれ、あれを探しているんだよ）

“what-cha-ma-call-it”は“what you might call it”の発音をそのまま綴ったもので、「人がそれを一般に呼ぶところのもの」が原義で、くだけて「あれ」を指すようになりました。

◆ **A：Can you get me a what-cha-ma-call-it?**

（ねえ、あれを取ってもらえる？）

B：A what?

（何のこと？）

A：A what-cha-ma-call-it. It's for binding paper.

（あれだよ。紙を綴じるやつ）

B：You mean a stapler?

（ホチキスのこと？）

発音がポイントです。“what-cha-ma-call-it”は、ゆっくりではなく、早くひとことで〔ワチャマカリッ〕と発音するのがミソです。

名前を忘れたり、言うのがいやなときに thingy〔**スィ**ンギィ〕／ thingamabob〔**スィ**ンガマバブ〕／ thingamajig〔**スィ**ンガマジィグ〕と言うこともあります。いずれも「なんとか言う物〔人〕の意味で、ネイティブはよく使うのに、日本人の 99 パーセントが知らない表現です。

◆ **A：That thingy doesn't work again.**

（あいつがまたダメなんだよ）

B：You mean the wireless speaker?

（ワイヤレススピーカーのこと？）

＊work「（機械などが）機能する」

「悪銭身につかずだよ」

日本人が言いがちな英語

😓 What you get without difficulty is quickly lost.

ネイティブ流イングリッシュ

👍 **Easy come, easy go.**

日本語でよく言う「悪銭身につかず」は、"不正"をして手に入れたお金はすぐに浪費してしまいがちだという意味合いが強いですが、英語の〈Easy come, easy go.〉というフレーズはたんに"ラクして簡単に"手に入れたものは失いやすいという広い意味で用いられます。「得やすいものは失いやすい」とか、「労せずに手に入れたものはむだにしがちである」というのがこの格言の意味するところです。

◆ **A：I won 20,000 yen in a lottery, and then lost it all playing pachinko.**

（宝くじで2万円当たったのに、パチンコですっからかんになっちゃった）

B：You know the old saying,"Easy come, easy go."

（昔から「得やすいものは失いやすい」って言うじゃない）

＊lottery「宝くじ」

＊saying「ことわざ／格言」

このことわざは15世紀初頭のフランス語の言いまわしに由来するようですが、英語圏ではいまも親しまれています。そう言えば、クイーン（英国のロックバンド）の「ボヘミアン・ラプソディ」という曲の中にもこのフレーズが見えますね。

お金やモノだけでなく、友人や恋人などにも使われることがあります。

◆ **A : How're you getting along with the handsome guy you met at the bar?**

（バーで知り合ったハンサム男とはうまくやってるの？）

　B : We already broke up.

（もうとっくに別れたわ）

　A : Well, easy come, easy go.

（簡単に手に入るものは簡単に失うってやつね）

＊get along with A「Aと仲よくやる」

＊break up「(関係などが) こわれる」

また、苦労しないで習得した知識や技能などはすぐに忘れてしまう（＝身につくものは努力と苦労によってしか得られない）という意味でも用いられます。

◆ **A : I can't get the hang of it.**

（なかなかコツがつかめません）

　B : Don't be so impatient. Easy come, easy go. Don't forget that.

（そうあせるな。得やすいものは失いやすいものだ。覚えておけ）

＊get the hang of A「Aのコツをつかむ」

＊impatient「いらいらした／気短で」

「縁がなかったってことだよ」

(日本人が言いがちな英語)
😅 You were out of luck.

(ネイティブ流イングリッシュ)
👍 It wasn't meant to be.

〈out of luck〉は「運が悪い」であって、たまたまそのとき「ついていなかった」を意味します。「そういうめぐり合わせではなかった」とか「そういう運命にはなかった」というとき、ネイティブスピーカーはきまって次の慣用句を口にします。

◆ A：Hannah dumped me.

（ハンナにふられちゃったよ）

　 B：It wasn't meant to be.

（縁がなかったってことだよ）

＊dump「（恋人を）ふる」

　この "mean" は「意図する」という意味です。なお、過去形および過去分詞形の "meant" は〔メント〕と発音します。

　もちろん肯定文でも用います。その場合は、「そういう運命だった／そういうめぐり合わせだった」などと訳することができます。

◆ I ran into her yesterday. It was meant to be.

（きのう彼女にばったり会ったんだ。運命を感じたね）

＊run into A「Aにばったり出くわす」

　さて、次の英文はどう訳したらいいのでしょうか。

◆ If it's meant to be, it'll happen.

「あらかじめそういう運命にあるなら、そうなるはずだ」というニュアンスです。余計な心配をせずにできることをやりなさ

い。そうすれば、おのずと結果はついてくる。つまり、「人事を尽くして天命を待て」と言っているのです。

そのほか、〈be meant to *do*〉で頭に浮かぶのは次の言いまわしです。

◆ **We are meant to be together.**

（僕たちは一緒になる運命なんだよ）

＊be meant to be together「一緒になる運命にある」（これはネイティブが好んで使うくどき文句です）

以下の言いまわしもよく耳にします。

◆ **We were meant to see each other again.**

（わたしたちは再び出会う運命にあったのだ）

◆ **You are the person I was meant to spend the rest of my life with.**

（君は僕の残りの人生を一緒に暮らす人なんだ）

神や宿命などによって「〜することを運命づけられている」というニュアンスがあることを覚えておいてください。

〈be meant for ...〉もよく耳にします。これは「〈人と〉結ばれる運命にある」という含みがあります。

◆ **Jo and Louis were meant for each other.**

（ジョーとルイスは互いに結ばれる運命にあった）

＊be meant for each other「互いに結ばれる運命にある」

「気のせいだよ」

✕ It's just your feeling.

👍 It's just your imagination.

　これといった根拠はないけど、自分だけが何かを感じたとき に使われる言いまわしです。

　"one's imagination"は「〜の想像の産物」の意味で、日本 語の「気のせい／思い過ごし」にあたる表現です。こうしたと き、〔日本人が言いがちな英語〕にあるように、one's feeling （〜の気持ち）を使うことはありません。

◆ A：Is it just my imagination, or was that an earthquake?

（気のせい？ それとも地震だった？）

　B：I didn't feel anything.

（私は何も感じなかったわ）

◆ It's just your imagination that Glen is acting suspiciously.

（グレンが怪しい行動をしているだなんて気のせいよ）

＊act suspiciously「怪しい行動をする」

◆ Is it my imagination, or has he put on some weight?

（気のせいかもしれないけど、彼、ちょっと太ったんじゃない？）

＊put on weight「太る」

　以上のことなら、すでに知っていたという人もいるでしょう。 しかし、日常会話でよく使われる〈Maybe it's just me.〉と いうフレーズを知っている日本人はごくわずかです。

◆ **Maybe it's just me, but she looks a little depressed.**

（気のせいだろうけど、彼女、なんとなく元気がないように思えるんだけど）

＊depressed「（気分が）落ち込んでいる／元気がない」

◆ A：**Maybe it's just me, but I thought I heard someone knock on the door.**

（気のせいかもしれないけど、誰かがドアをノックしたみたいよ）

B：**You're hearing things.**

（気のせいだろ）

Bの発言〈You're hearing things.〉もよく使われる口語表現で、〈It's just your imagination.〉とほぼ同じ意味を持ちます。聴覚的なことに対して用いられます。視覚的なことなら、〈You're seeing things.〉が対応します。いずれも進行形にして用いられます。

It's just your imagination.

「彼は優柔不断な男だ」

日本人が言いがちな英語

😊 He is an indecisive man.

ネイティブ流イングリッシュ

👍 **He can never make up his mind**

「決める／決定する」といえば、おそらく"decide"がすぐに頭に浮かぶことでしょう。そして、この形容詞形がdecisive（決断力のある）で、その反意語がindecisive（決断力のない）であることもご存じかもしれません。ですから、〔日本人が言いがちな英語〕にある"He is an indecisive man."は正しい英文といえます。

しかしながら、これはビジネスシーンなどで用いる、いくぶん手厳しい"宣告"のように聞こえます。名詞のindecision（決断力のなさ）もビジネスライクな感じがします。

◆ **The media reports that the manager's indecision led to the team's loss.**

（監督の優柔不断がチームの負けにつながったとメディアは報じている）

さてここで、よく見かける日常の光景を思い描いてみましょう。あるレストランで、あなたのガールフレンドがどれを注文しようかとさっきから悩んでいます。Everything on the menu looks so good.（メニューの料理はどれもおいしそう）とつぶやくばかりでなかなか決まりません。そこであなたは言います。"Decide."と。これは「決めろよ、早く」といったニュアンスで、いささか乱暴な言葉づかいに聞こえます。ネイティブならこんなとき、おそらくこんなふうに言うでしょう。

◆ **Make up your mind. I'm hungry.**

（早く決めてくれないかな。こっちは腹ペコなんだ）

こちらのほうがソフトに聞こえます。

"make up one's mind"は「自分の意向をつくりあげる＝決める」という意味の口語的な表現で、日常会話ではもっぱらこちらが使われます。

◆ **He can never make up his mind.**

（彼は優柔不断な男だ）

can never make up one's mind（ものごとを決められない）というフレーズはいわば口語の決まり文句なのです。

「……のこととなると、つい優柔不断な態度をとってしまう」と言いたければ、前置詞の"about"でつなげます。

◆ **I can't make up my mind about where to go on vacation.**

（休暇の旅先となると、決められないんだ）

疑問文では強調語の"ever"を入れて使うのがネイティブ流です。

◆ **Why can't you ever make up your mind?**

（あなたはどうしてそう優柔不断なの？）

とくに性格が引っ込み思案で「優柔不断な」人を wishy-washy と呼ぶことがあります。

◆ **She is so wishy-washy. She can't even make up her mind about what to wear.**

（彼女ときたら優柔不断で、着るものも自分で決められないんだ）

＊wishy-washy「（人が）煮え切らない／優柔不断な」（〔**ウィ**シワシ〕と発音します）

「こちらはジョニー。またの名をビッグ・ジョン」

日本人が言いがちな英語

😅 This is Johnny. Johnny is also known as Big John.

ネイティブ流イングリッシュ

👍 **This is Johnny, aka Big John.**

"aka"は〔エイ・ケイ・エイ〕と読みます。〔アカ〕とは読まないのでご注意を。

*aka / a.k.a / AKA

このように表記されます。

◆ **Himeji Castle, aka Shirasagi Castle, is a World Heritage Site.**

(姫路城、別名、白鷺城は世界遺産です)

"aka"は、上の文にも見えるように、also known as（〜として知られている）の頭文字をとった略で、別称・愛称・通称を述べるときに用いられます。

◆ **Jennifer Lopes, aka J-Lo, is a super-famous singer and actor.**

(ジェニファー・ロペス、別名、J-Lo は、超有名な歌手でありまた女優です)

冗談めかして言うこともよくあります。

◆ **This is my cat, Leon, aka my alarm clock.**

(これは私の猫、レオンです。別名、目覚まし時計です)

本人みずから言うこともあります。たとえば、髪の毛が赤いケイトはこんなふうに自己紹介します。

◆ **My name is Kate Brown, aka Red Haired Kate.**

(私はケイト・ブラウン。別名、赤毛のケイトよ)

自分の名前にお気に入りのあだ名や通り名を添えるのです。
一部の海外セレブやアーティストがよく使っていますね。

　たとえば、俳優のときは○○、歌手のときは××を名乗っている人の場合、「○○ AKA ××」などと言ったりします。

◆ **Today's guest is Stefani Germanotta, aka Lady Gaga.**
　　（本日のゲストはステファニー・ジャーマノッタ、別名、レディー・ガガです）

「本名, aka ステージネーム」のように使われる例が多いですね。とくに、ヒップホップのアーティストやラッパーなどに、「別名」を名乗る人が多いように思われます。

　こんな会話もあるでしょう。

◆ **A : Hey, I'm Ben, aka the coolest guy in the bar. Let me buy you a drink.**
　　（やあ、このバーの中でいちばんイケてる男のベンだ。一杯おごるよ）

　B : Hi, Ben. I'm Yumi, aka the girl least likely to go out with you in the bar. So leave me alone.
　　（どうもベン。私はユミ、またの名を、あなたにまったく興味なし。だからほうっておいて）

＊go out with A「Aとつき合う／Aとデートする」

うふふ（He, he, he）。

column

「やり方を教えてあげるね」

I'll show you how.

. . . .

電車の切符の買い方がわからないという外国人に声をかけられました。

◆ **How do I buy a ticket to Umeda Station?**

（梅田駅までの切符の買い方を教えていただけますか？）

あなたはその人を券売機のところまで連れて行き、おもむろにこう言います。

◆ **I'll show you how.**

（やり方を教えてあげましょう）

＊show A how「Aにやり方を教える／Aにやり方を示す」

そして、できたら次のように説明してみてください。

◆ **The vending machines have touch screens. First press the "English" button in the top right-hand corner of the screen. Okay? It says 200 yen to Umeda.**

（券売機はタッチパネルになっています。画面の右上にある「English」のボタンを押してください。ここまではいい？ 梅田までだと、200円ですね）

＊vending machine「自動券売機」

＊touch screen「タッチパネル」

＊It says ...「（タッチパネルが）……だと言っている」

PART IV

ネイティブとの会話で欠かせない

思わず使ってみたくなる英単語

当たり！

「デザートは別腹よ」

✗ I have another stomach for dessert.

👍 I have room for dessert.

「デザートは別腹」という表現をよく耳にします。それを口癖にしている人もなかにはいます。では、これを直訳して、"I have another stomach for dessert."と言ったとしたら、どうでしょうか。うーん、たぶん伝わるでしょうが、ネイティブが親しんでいるナチュラルな表現ではありません。

では、「別腹」をどう言いあらわしたらいいのでしょうか。ネイティブは次のような定番フレーズを用います。

◆ I (always) have room for dessert.

（デザートは別腹です）

＊dessert「デザート」（［ディ**ザ**ート］と発音します。アクセントの位置にも注意してください）

◆ I've (still) got room for sweets.

（甘いものは別腹です）

＊have got = have

この "room" は「部屋」（可算名詞）ではなく、「余地／スペース」という意味をもった不可算名詞（数えられない名詞）です。room for A（Aのためのスペース）というまとまりで覚えておきましょう。

◆ A：I'm so stuffed. I can't eat the rest.

（お腹いっぱい。残りは食べられない）

　B：Then you're probably too full for dessert.

（じゃあデザートはもう入らないよね）

A：No! I always have room for dessert.

（ううん！それは別腹）

＊be stuffed「満腹である」

＊the rest「残り」

〈There's ...〉で始めることもできます。

◆ **I've had enough, but there's always room for cake.**

（たくさん食べたけど、ケーキは別腹よ）

＊There's always room for A.「Aの入る余地はつねにある」

自慢のアップルパイをつくったホストが、ゲストに次のように言ったりします。

◆ **A：Don't eat too much. Make sure you save room for apple pie.**

（食べ過ぎないで。アップルパイを食べる余裕は残しておいてね）

B：Don't worry. I still have room for dessert. I'll go on a diet tomorrow.

（心配しないで。デザートは別腹だから。ダイエットは明日にするわ）

＊Make sure you ...「ちゃんと……するようにしておいてください」

＊save room for A「Aを食べる余裕は残しておく／Aのために腹八分にしておく」

＊go on a diet「ダイエットをする」

「ヘンだなあ」

😅 That's strange.
👍 **That's weird.**

　日本にやって来てまもないころ、日本人が好んで用いる英単語があることに気づきました。形容詞でよく耳にしたのは、busy（忙しい）/ tired（疲れている）など。そのうちのひとつに strange（ヘンな）がありました。

　ところが、私を含め、多くのネイティブは "strange" よりも圧倒的に "weird" のほうをよく用いているのです（〔**ウィアド**〕と発音します）。映画やＴＶドラマをよく観る人たちにはおなじみの表現かもしれません。古くからある単語で、「運命をつかさどるような→不思議な→気味の悪い」という意味の変遷をたどってきました。

◆ **He's kind of weird.**

　（彼ってちょっとヘンだよね）

　＊kind of「いくぶん／ちょっと」

◆ **Her behavior is weird these days.**

　（彼女の態度、最近ヘンだ）

◆ **I still keep in touch with my ex-wife. Is that weird?**

　（別れた妻といまだに連絡を取り合っているんだけど、それってヘンかな？）

　＊keep in touch with A「Aと連絡を取り合う」

　＊ex-「前の／元の」（名詞の前につけて）

◆ **A：That stingy guy bought me a 2,000 yen lunch.**

（あのケチな男が 2000 円のランチをおごってくれたのよ）

B：That's weird. Is he up to something?

（それはヘン。何かたくらんでいるんじゃない？）

＊be up to A「Aをたくらんでいる」

"weird"に関して注意してほしいのは、ほとんどの場合、ネガティブな意味で使われるということ。日本語の「ヘン」は、「ふつうではないが面白い」というニュアンスをともなう場合がありますが、英語の"weird"は「気味の悪い／異様な」というネガティブな意味を持っています。

「ヘンな人」のことは、weirdo（= a person who behaves strangely）と言います。「変人／ヘンな人／あぶないやつ」といったニュアンスがあります。〔**ウィアドゥ**〕と読みます。これもよく使う名詞なので覚えておいてください。

◆ **There were some weirdos at the bar, so we got out of there in a hurry.**

（そのバーにはヘンな人ばかりがいたので、私たちはあわててそこを出た）

＊in a hurry「急いで／あわてて」

◆ **I don't like online dating. There are too many weirdos.**

（出会い系サイトはだめ。ヘンなのがいっぱいいるんだもの）

◆ **Look at that guy wearing the pink bikini. What a weirdo!**

（あの男、見てよ、ピンクのビキニスタイルよ。ヘンなやつ！）

「言うべきことはちゃんと言ったほうがいい」

日本人が言いがちな英語
😅 You should say what you want to say.

ネイティブ流イングリッシュ
👍 **You should be assertive.**

「謙遜」は日本人の美徳です。その控えめな態度は好ましく思われることもあります。しかし、英語圏で生まれ育った人にはいささか奇異に感じられることがあります。

◆ **Your English is awesome.**

（あなたの英語はすばらしいわ）

本心からこう褒めても、No. My English is terrible.（いいえ、私の英語はひどいものです）などという答えが返ってくることがあります。

英語圏における褒め言葉は、贈り物として喜んで受け取るべきもので、それを拒否しようとする態度のほうがむしろ不自然に感じられます。

日本に長く住んでいるネイティブのなかには、「日本語がうまいね」と言われると、日本人の習性に合わせてあえて謙遜の言葉を述べる人もいますが、それは英語国民の常識ではないということを頭に入れておいてください。

そんな現状を憂慮してか、日本人ビジネスパーソンを対象とした英語の研修では、「アサーティブ・トレーニング」が注目されています。"assertive"であるとは、相手の意見を尊重しながらも、自分の意見を率直に伝えられるということです。assertive（率直な／しっかり自己主張する）は、aggressive（攻撃的な／自分本位な）でも passive（受け身的な／相手に

追従するような）でもない、いわばコミュニケーションの理想
を言いあらわしたものです。

◆ **I'm not assertive enough.**

（自己主張がうまくできないんです）

＊assertive「自信のある」（〔ア**サ**ーティヴ〕）

このようにつぶやく人がいます。しかし、これでは交渉ごと
を前に進めることができません。私自身、ビジネス英語研修の
講師を頼まれたときは、当然、次のように助言することになり
ます。

◆ **Don't be so passive. You should be more assertive.**

（そんなに相手の言いなりにならないで。言うべきことはきちんと言
って）

そのあとに、こう続けることもあります。

◆ **The most important thing is that you should be
active in speaking English and not to be afraid to
make mistakes.**

（大切なことは、ミスを恐れることなく、積極的に英語をしゃべろう
という気持ちです）

実際のところ、日本語の話せない英語のネイティブスピーカ
ーたちは、日本人の努力に敬意を表したい気持ちでいっぱいな
のです。そして、自分たちのほうこそ、日本語で "assertive"
でありたいと願っているのです。

「ちょうど寝ようとしていたところです」

日本人が言いがちな英語

😅 I was going to go to bed.

ネイティブ流イングリッシュ

👍 I was just about to go to bed.

今回は "about" のまわりを散策してみましょう。

◆ **We talked about the history of rap music.**

（私たちはラップ音楽の歴史について話し合った）

"about" のコアイメージは、対象のあたりを漠然とあらわす〈周辺〉です。上の英文は、ラップ音楽の歴史についてあれこれと話し合ったということを伝えています。

次の2つの例文を見てください。

◆ **There is something elegant about her.**

（彼女にはどことなく品がある）

◆ **There is something fishy about his story.**

（彼の話にはどこかうさんくさいところがある）

＊fishy「うさんくさい／いかがわしい」

これらの "about" を日本語に置き換えてみれば、「〜の身辺には／〜のまわりには」になるだろうと思います。問題のまわりを取り囲んでいるイメージをもってください。

◆ **A：What were you doing?**

（何してた？）

　B：I was just about to go to bed.

（ちょうど寝ようとしていたとこだよ）

＊しばしば "just" が "about to" の前に添えられて、その行為の直前であることを示します。

英語学習者の多くは〈be about to〉を「もうすぐ〜する／まさに〜しようとしている」とだけ丸暗記していますが、ネイティブは to go to bed（これから寝る）の周辺（about）にいるというイメージでとらえています。ゆえに、〈be going to〉よりも差し迫った未来を示しています。

◆ **The bus is about to leave.**

　（もうすぐバスが出るよ）

◆ **The game is about to begin.**

　（ちょうど試合が始まるところだ）

　時間的に接近していることを強調する用法です。ただし、過去形で用いると、その行為が実現されなかったことを暗示します。

◆ **I was about to leave when Tsumugi arrived, and we started talking about cats, so I stayed there a little longer.**

　（ちょうど出ようと思っていたところにツムギが到着したので、ネコの話をしてちょっとそこにとどまった）

◆ **A : Have you told Daiki about Friday?**

　　（大紀に金曜日のことを話した？）

　B : I was just about to.

　　（これから話そうと思っていたところなの）

「まいったなあ！」

😔 How disappointing!

👍 **What a bummer!**

　学校英語では、「残念だなあ／困ったなあ」を次のように教えています。おそらく、みなさんもご存じでしょう。

◆ **That's too bad.**

◆ **That's disappointing.**

　日常会話ではたいへんよく使われているのに、学校で習わない単語の筆頭が "bummer" でしょうね。もちろん、私もよく使います。映画やドラマでもよく耳にするはずですが、中学や高校の教科書では見たことがありません。

◆ **That party was a real bummer.**

　（パーティは残念だったね）

　＊＝That party was disappointing.

◆ **What? I have to work this weekend!? Bummer!**

　（何？ 週末も仕事しないといけないの!? まったくもう！）

　"bummer" は「不愉快なこと／失望させるもの」という意味で、〔バマ〕と発音します。あの bum（お尻）とは関係なく、ドイツ語の bummler（怠け者／ぐうたら）に由来する単語です。

　不愉快なことや困ったことがあると、ネイティブはあきれた表情で次のようにつぶやきます。

◆ **Bummer!**

◆ **That's a bummer.**

◆ **What a bummer!**

最後の〈What a bummer!〉は、〔**ワラ・バマ**〕のように発音します。

さて、これらの訳語を日本語であれこれ考えてみたのですが、「もう、がっかりだ」「そいつはたいへんだ」「散々だ」「まったくもう！」「ヘコむなあ！」「まいった！」あたりに対応するように思われます。

◆ A：We can't go there. The restaurant is closed today.

　　（行ってもむだよ。そのレストラン、きょうは休みなの）

　B：That's a bummer.

　　（がっかり）

相手に同情して用いることもあります。

◆ A：I lost my wallet.

　　（財布をなくしちゃった）

　B：Bummer! I'll help you find it.

　　（それはたいへん！ 探すのを手伝ってあげる）

とはいえ、"bummer" はあくまでもカジュアルな表現であることをお忘れなく。

次のように、あきれて言うこともあります。

◆ A：I didn't get a TOEIC score of above 300.

　　（TOEIC で 300 点も超えられなかったんだ）

　B：I just can't believe it. What a bummer!

　　（ウソでしょ。まいったね！）

「見て！ 車でいっぱい」

日本人が言いがちな英語
✕ Look! It's crowded with cars.

ネイティブ流イングリッシュ
👍 Look! There are so many cars.

いきなりですが、問題を解いていただきましょう。

> **The street is crowded.**

このように言った場合、通りは何でいっぱいなのでしょうか。
以下の3つの選択肢の中から選んでください。
① 大勢の人
② たくさんの車
③ 多くの人と車

どれを選びましたか。これまでの私の経験からいうと、③を
選ぶ人が多いように思われます。

正解は①です。

> **The street is crowded.**
> **= There are many people in the street.**

"crowded"は「人で込みあった」状態のみを指すのであって、
車輌やその他の物であふれている状態を示すものではないので
す（"crowded"の発音は〔**クラウ**ディッド〕になります）。
「車でいっぱい」は次のように言いあらわします。

◆ **There are so many cars.**

◆ There are a lot of cars.

◆ There are lots of cars.

次の会話をごらんください。

◆ A：Daddy! Look! There are so many cars.

（パパ！ 見て！ 車でいっぱいよ）

B：Yeah, there are!

（そうだね、すごい数だね）

また、「往来／交通」をあらわす traffic（数えられない名詞）を使って「車が混んでいる」状態を言いあらわすこともできます。その場合は以下のようになります。

◆ Traffic is bad today.

◆ Traffic is heavy today.

＊heavy「（交通が）激しい」

Traffic is crowded today.（×）とすることはできませんのでご注意を。したがって、名詞の "crowd" もまた、a large group of people in one place（１カ所に集まった大勢の人々）を指すのであって、車の数が多いことを示すものではありません。

◆ A：Daddy! Look! What a big crowd!

（パパ！ 見て！ 人でいっぱいよ！）

B：Yeah, there are so many people.

（そうだね、すごい数の人だね）

◆ The crowd cheered when he hit a home run.

（彼がホームランを打つと、観衆は歓声をあげた）

「明日のプレゼン、いやだなあ」

日本人が言いがちな英語

× I hate tomorrow's presentation.

ネイティブ流イングリッシュ

👍 **I dread tomorrow's presentation.**

"hate" を使った〔日本人が言いがちな英語〕をあえて訳してみると、「明日のプレゼンが大嫌いだ」と言っているように聞こえます。

◆ **I hate giving presentations.**

（プレゼンなんて大嫌い）

このように言うのならわかりますが、「明日のプレゼンが大嫌い」と言うのは不自然です。

みなさんは "dread" という動詞を使いこなしているでしょうか。"dread" は恐怖や不安といった感情が入り交じった「いやがる」という意味の動詞です。私の印象を言えば、この動詞を使いこなしている人はごくわずかです。

◆ **I dread tomorrow's meeting.**

（明日の会議、いやだなあ）

◆ **Kate dreads dark places.**

（ケイトは暗がりを怖がる）

◆ **Gena dreaded the thought of failing the audition.**

（ジーナはオーディションに落ちるのではないかとびくびくした）

◆ **Every year I dread tax season.**

（毎年、確定申告の時期はいやだなあ）

＊tax season「税金の季節／確定申告の時期」

◆ **I look forward to my trip to Paris, but I dread the long** flight.

（パリへの旅行は楽しみだけど、長時間のフライトはいやだなあ）

　ネイティブは恐怖や不安で「気がすすまない」とか「気が重い」という気持ちを"dread"という動詞を使って言いあらわそうとします。look forward to A（Aを楽しみにして待つ）の 反対表現との認識があります。

◆ I dread calling him.

（彼に電話するのはすごく気が重い）

◆ I dread telling my parents.

（親に伝えるのは憂鬱だなあ）

◆ I dread driving at night.

（夜、車の運転をするのは怖いのでいやだ）

　以下、私の頭の中にある"dread"の使い方についてまとめておきます。

　これまで見てきたように、"dread"は通例、名詞や動名詞（...*ing*）を目的語にとりますが、"think"という動詞を後ろにおく場合はI dread to think ...（……を思うと恐ろしい／……を考えただけで怖くなる）とします。

◆ I dread to think what might happen in the future.

（将来のことを想像しただけで怖くなる）

◆ I dread to think what he will say when he learns the truth.

（彼が真実を知ったら何と言うか、考えただけでもぞっとする）

「彼は漫画オタクだ」

😅 He is crazy about manga.
👍 He is a manga nerd.

　日本文化にすっかり定着している「オタク」ですが、英語にもこれに相当する単語がいくつかあります。

　いちばんよく使われているのが "nerd" です。〔ヌァード〕と発音します。「つまらないやつ／さえないやつ／ダサいやつ」といった意味で、以前は「コンピュータオタク」をけなしていうことが多かったのですが、いまではさまざまなオタクを指して使われています。社交嫌いで、ひとりで没入することを好む内向的なオタクといったイメージがあります。

・a computer nerd「コンピュータオタク」
・a tech nerd「テクノロジーオタク」
・an anime nerd「アニメオタク」
・a train nerd「電車オタク」

　次が "geek" です。〔ギーク〕と読みます。これは「変わり者／変人」といったような意味で、特定の分野において異常なほどくわしいマニアックな人を指します。ポジティブな意味で用いられることも多々あり、私の感覚では、"geek" のほうが "nerd" よりもいくぶんクール（かっこいい）なニュアンスがあるように思います。

・a science geek「科学オタク」
・a game geek「ゲームオタク」
・a math geek「数学オタク」

・a space geek「宇宙オタク」

　スポーツや健康など、"活動的"な「オタク」はたいていの場合、"nut"を使います。〔**ナト**〕と発音します。「変人／熱狂的ファン／○○バカ」といったような意味ですが、この単語に内向的な暗さはありません。

・a sports nut「スポーツオタク」

・a religious nut「宗教オタク」

・a golf nut「ゴルフオタク」

・a sumo nut「相撲オタク」

・a gun nut「銃オタク」

・a conspiracy nut「陰謀オタク」

・a car nut「車オタク」

・a health nut「健康オタク」（a health freak ということもよくあります。"freak"は「変人／奇人」の意）

　政治の動きや時事ニュースに夢中になっているオタクを"junkie"ということがあります。〔**ジャンキー**〕と読みます。"junkie"はもともと「麻薬中毒者／麻薬常習者」のことで、それがなくてはいられない人たちを指して用いられます。

・political junkie「政治オタク」

・military junkie「軍事オタク」

・news junkie「時事ニュースオタク」

　食べ物や飲み物につけて使われることもあります。

・a chocolate junkie「チョコレート中毒者」

・a coffee junkie「コーヒー中毒者」

・an adrenalin junkie「アドレナリン中毒者」（バンジージャンプなど、危険なことをするのが病みつきになっている人）

　＊adrenalinは〔**アドゥレナリン**〕と発音します。

「このあとの予定はどうなっていますか？」

日本人が言いがちな英語

✕ What's your plan for later?

ネイティブ流イングリッシュ

👍 What are your plans for later?

名詞の plan（計画）を使った決まり文句に、go according to plan（計画どおりに進む）があります。

◆ **The construction is going according to plan.**

（工事は計画どおりに進んでいます）

ビジネスシーンなどでよく耳にする定番フレーズは次のようなものです。

◆ **Nothing ever goes according to plan.**

（何事も計画どおりにいくことはない）

さて、〔ネイティブ流イングリッシュ〕にあるように、相手に「予定」を聞く場合は "plans" とかならず複数形にします。

ところが、日本人が言いがちな英語を聞いていると、ほぼ99パーセントの人が単数形にしてしまいます。"plan" とすると、すでに決まっている「計画」があるというのが前提で話をしているようなニュアンスがあります。

◆ **If plan A doesn't work, I have a plan B.**

（プランAがうまくいかなかったら、プランBを用意しているんだ）

"plans" は、そもそも相手に今後の「予定」があるのかさえわからないというときに用います。

◆ **What are your plans for weekend?**

（週末の予定はどうなってる？）

◆ **What're your plans for retirement?**

（退職後はどうするつもりなの？）

べつだん何も予定がないという場合は、次のように応じます。

◆ **A：What are your plans for later?**

（このあとの予定は？）

B：I don't have any plans.

（べつに何もないけど）

次は、動詞 plan（計画を立てる／予定を立てる）に注目してみましょう。いちばん使い勝手のいいフレーズは、おそらくI'm planning to ...（……する予定だ／……する計画を立てている）でしょう。

◆ **I'm planning to go to Hawaii next month.**

（来月、ハワイへ行く予定です）

◆ **A：What are your plans for tonight?**

（今夜の予定は？）

B：I'm planning to go and see the soccer game.

（サッカーの試合を見に行く予定なんだ）

ちなみに、私の本の翻訳をよくやってくれている里中さん（この本の訳者でもある）の口癖は次のフレーズです。

◆ **Failing to plan is planning to fail.**

（計画を立てないのは、失敗する計画を立てることだ）

＊fail to *do*「〜することを怠る」

クールな言いまわしですね。

「こんなに大きかった！」

日本人が言いがちな英語

😊 It's big, like this.

ネイティブ流イングリッシュ

👍 It's this big.

手や指で大きさを示しながら、「こんなに……」と言ったりしますね。

◆ **A：How big is the painting?**

（その絵、どれぐらいの大きさなの？）

B：It's this big.

（これくらい）

A：Perfect.

（ぴったりだ）

この "this" がなかなか言えないようです。上の文における "this" は「こんなに／これほど」をあらわす副詞です。大きさだけでなく、程度や状況について言及するときにも用いることができます。

◆ **The cat was about this big.**

（その猫はこのぐらい大きかった）

◆ **He's about this tall.**

（彼はだいたいこれくらいの身長だ）

◆ **I didn't expect it to be this hot.**

（こんなに暑くなるとは思わなかった）

◆ **Sorry, but I can't eat this much.**

（悪いけど、こんなにたくさんは食べられないよ）

"that"にも同じ用法がありますが、so（そんなに）よりもカ

ジュアルなニュアンスがあります。

◆ A：How long have you been in Japan?

（日本にはもうどれぐらいいるのですか？）

B：Forty years.

（40年）

A：That long?

（そんなに長く？）

この場合の "that" も副詞で、「そんなに／それほど」をあらわします。

◆ Is it that far?

（そんなに遠いの？）

◆ I forgot my birthday. I was that busy.

（自分の誕生日を忘れちゃったよ。それぐらい忙しかったんだ）

◆ I didn't know the situation was that complicated.

（状況がそんなに複雑だとは知りませんでした）

＊complicated「複雑な／込み入った」（〔**カ**ンプリケイティッド〕と発音します）

◆ Things haven't changed that much.

（事態はさほど変わってはいない）

「うらやましいなあ」

✕ I'm jealousy.

👍 **I'm so jealous.**

　相手が自分より恵まれていることをうらやんで、「うらやましい」とよく声をあげます。

　"jealousy"は「嫉妬／やきもち／ねたみ／そねみ」をあらわすネガティブな意味をもった名詞です。したがって、〈I'm jealousy.〉はそもそも英文としては不適切で、私は嫉妬のカタマリである、と言っているように聞こえます。

◆ **I'm so jealous.**（うらやましいなあ）

　このように言えば、嫌味がなく、素直にうらやましいという感情を伝えることができます。〈I'm jealous.〉と言ってもいいのですが、"so"を入れると、羨望の気持ちがストレートに相手に伝わります。

◆ **A : I've lost 3 kg since I started jogging.**

　（ジョギングを始めたら3キロも痩せたのよ）

◆ **B : I'm so jealous. Maybe I'd better start doing that, too.**

　（いいなあ。私も始めてみようかな）

　〈I envy you.〉というフレーズを思いついた読者もいるかもしれません。"envy"は「うらやむ」という意味の動詞です。〔エンビー〕ではなく、〔**エンヴィ**〕のように<v>の音を下くちびるを上の歯で噛んで出すようにしましょう。

　では、〈I envy you.〉と〈I'm jealous.〉の違いは何か。

〈I envy you.〉のほうがちょっとねたみの気持ちが強く、それゆえ〈I'm jealous.〉ほどには使われていません。会話では〈I'm jealous.〉のほうを使うようにおすすめします。

もうひとつは、〈You're so lucky.〉と〈Lucky you.〉というフレーズ。「いいなあ／すごくラッキーね」にあたる親しみのこもった言いまわしです。

◆ A：I hardly ever buy a lottery ticket. I don't know why I decided to give it a try that day, but I did, and I won 50,000 yen.

（めったに宝くじなんて買わないのに、その日はたまたま買ってみようという気になったんだ。で、買ったら、5万円当たっちゃった）

B：You're so lucky.

（いいなあ）

＊hardly ever「めったに〜ない」

◆ A：I got a ticket to Taylor Swift's concert.

（テイラー・スウィフトのコンサートチケットが手に入ったんだ）

B：Really? Lucky you!

（ホント？ ツイてるね！）

"Lucky!"とだけ言わずに、〈Lucky you!〉と言うように口慣らしをしてください。

「かゆい！」

まずは「かゆい」をあらわす単語の確認をしましょう。

"itchy"は「かゆい」という意味の形容詞。〔**イ**チィ〕と発音します。かゆいところを掻きながら、

◆ **Oh, it's itchy!**

（ああ、かゆい！）

と声をあげます。

◆ **My right ear is[feels] itchy.** （右耳がかゆい）

"itch"を使って、〈My right ear itches.〉ということもあります。"itch"は「かゆい」という意味の動詞です。発音は〔**イ**チ〕です。

◆ **A : Does it itch?**

（かゆいの？）

B : No. It doesn't itch.

（ううん。かゆくない）

自分自身の身体の一部が「かゆい」ときは、〈My ... itch(es).〉というフレーズを使います。

◆ **My back itches.**

（背中がかゆい）

◆ **My bottom itches.**

（おしりがかゆい）

◆ **My eyes itch because of the pollen.**

（花粉で目がかゆい）

◆ **My mosquito bites still itch.**

（蚊に刺されたところがまだかゆい）

全身がかゆいときは、

◆ **Oh, I just itch all over!**

（ああ、体じゅうがかゆい！）

と言います。以上、見てきたように、"itchy" も "itch" も主語を必要とします。

さて、みなさんは "the seven-year itch" という言葉を聞いたことがありますか。そう、「7年のかゆみ」です（この "itch" は名詞です）。

これは結婚して7年目あたりで浮気をしたくなる誘惑（the temptation to have an affair after seven years of being married）のことで、要するに、結婚してしばらくして騒ぎだす「浮気の虫」のことをいうのです。「ムズがゆさ」（itch）は「ムズムズして何かしたくてたまらない気持ち」をあらわしています。マリリン・モンローが主演した映画『七年目の浮気』（*The Seven Year Itch*）から広まりました。

◆ **Jill is worried Aki and her husband won't make it past the seven-year itch.**

（ジルは、アキと夫が倦怠期を乗り越えることができないのではないかと心配している）

＊make it past A「Aを乗り切る／Aを突破する／Aを無事通過する」

（このpastは前置詞で、「Aを通り越して」の意味）

「7年のかゆみ」といえば、「夫婦の倦怠期／浮気の虫」のことをいうのだと知っておいてください。

「ここのスタッフはよく教育されてるね」

日本人が言いがちな英語

✕ The staffs here are well-trained.

ネイティブ流イングリッシュ

👍 **The staff here is well trained.**

　staff（スタッフ／部員／職員）は集合名詞（collective noun）、つまりスタッフの人たち（a group of people）をまとめていう語です。ですから、〔日本人が言いがちな英語〕に見えるように "staffs" とはできません。

　"staff" は扱いが少々やっかいです。たとえばレストランで、「ここのスタッフはよく教育されてるね」と言うとき、ふつう次のように言います。

◆ **The staff here is well trained.**

　"staff" は集合名詞ですから、単数（1つのグループ）とみなして、"is" で受けます。ところが、以下のように言うことも多くなりました。

◆ **The staff here are well-trained.**

　「ここのスタッフ」を個々に意識して複数として見るような場合は "are" で受けるのです。現代英文法では、こうした用法も許容されるようになりました。

（A）The staff here is friendly.

（B）The staff here are friendly.

　両方ともよく用いられていますが、（A）が「ここのスタッフは一様にフレンドリーだ」と言っているのに対し、（B）は「ここのスタッフはそれぞれにフレンドリーだ」といったニュアンスがあり、各々にそれぞれの特色があってフレンドリーである

ことを伝えています。

　次は、「彼女はこのホテルのスタッフだ」と言ってみましょう。

　✕ She is a staff at this hotel.

　〇 She is a staff member at this hotel.

　〇 She is a member of the staff at this hotel.

　個々のメンバーをあらわすときは、a staff member / a member of the staff としなくてはなりません。

　では、"a staff" という英語表現はないのでしょうか。

◆ **We now have a staff of 100 people.**

　（我が社には現在、全部で 100 人のスタッフがいます）

　このように、「100 人で構成されているスタッフ」をひっくるめてひとつの集合体と考える場合は〈a staff of ...〉とすることができるのです。

　また、スタッフのひとりであることを述べる場合、次のように言うこともあります。

◆ **I'm Vincent. I'm on the staff here.**

　（ヴィンセントです。ここのスタッフです）

　＊be on A「Aに属している」

◆ **Yumi is on the editorial staff of the magazine.**

　（ユミはその雑誌の編集スタッフです）

　〈接触・関わり〉の意味を持つ前置詞 "on" を用いることで、「集団に属している一員である」ことを示しています。

「当たり！」

😊 Your guess is right.
👍 **Bingo!**

　予想や勘が的中したとき、「当たり！」と言いますね。ここでは「当たり！／正解！」に相当する３つの表現を見ていきましょう。

　まずは、定番のこれです。

◆ **A：What has to be broken before you can use it.**
　（使う前に壊さなければいけないのは何かな？）

　B：Give me a hint.
　（ヒントちょうだい）

　A：It's used in lots of recipes.
　（それを使っていろんな料理をします）

　B：An egg.
　（卵）

　A：Right!
　（当たり！）

＊(You guessed) Right! /（You are）Right!「的中！／ご名答！」

　次は、「勘」にあたる "guess" を使った表現です。

◆ **A：How much do you think this T-shirt was?**
　（このTシャツいくらだったと思う？）

　B：500 yen.
　（500円）

　A：Does it look like it cost 500 yen?

（これが 500 円に見える？）

B：It sure does.

（見える）

A：Good guess!

（いい勘してるね！）

＊(That's a) Good guess!「勘がいい！」

　最後は、ぜひとも使い慣れてほしい Bingo!（当たり！）という言いまわし。ドラマなどで、捜査官が犯人の居場所をつきとめたとき、よく "Bingo!" と言っていますね。ビンゴゲームに由来するもので、正解を言った人に対して、あるいは自分の思いどおりの結果が得られて喜ぶときの決まり文句です。

◆ **A：Guess who Mayumi is dating!**

（マユミと誰がつき合っているか当ててみて）

B：I have no idea ... Ned?

（考えたこともなかったけど……ネッド？）

A：Bingo! How did you know?

（当たり！ どうしてわかったの？）

「持ち寄りパーティをやるんだけど、来られる？」

日本人が言いがちな英語

✗ We're having a party. Can you bring some food?
　Can you come?

ネイティブ流イングリッシュ

👍 **We're having a potluck. Can you come?**

アメリカ人は誕生日や記念日だけでなく、なにかにつけてパーティをやりたがります。

◆ **All right! Let's have a party.**

（よし！パーティだ）

＊have[throw / give] a party「パーティを開く」

そして、いろんな人に声をかけます。

◆ **Can you come?**

（来られる？）

◆ **Do you want to come?**

（来る？）

でも、ホストがひとりでたくさんの飲食物を出すのは無理というもの。そこで次の言葉を添えます。

◆ **It's a potluck.**

（持ち寄りパーティね）

＊potluck「持ち寄りパーティ」（もとは「ありあわせの料理」の意味。〔パットラック〕と発音します）

食べたり飲んだりするものをお客さんに持ってきてもらうパーティを「ポトラック」と呼んでいます。アメリカで1年も暮らしていれば、かならず耳にする言葉です。

そこでお客さんは、自分の得意料理を一品つくって持ってい

く。料理に自信のない人や料理が面倒な人は、クッキーやくだものを持ち寄る。もちろん、飲み物がないとパーティは始まらないから、ワインやジュースを持参する人もいます。つまり、ホストはほとんどの場合、場所と食器を提供するだけ。じっさいのところ、何を持参するか、みんなが調整し合うわけではないのでワインだらけになったりすることもよくあります。

◆ **What should I bring?**

（何を持っていったらいい？）

◆ **Want me to bring something[a dish]?**

（何か〔ひと皿〕持っていこうか？）

* (Do you) Want me to ...?「……しましょうか？」

このようにたずねる人もいます。

◆ **A : What should I bring?**

（何を持っていこうかな？）

B : Nothing. Just bring your appetite.

（何もいらない。お腹をすかせて来て）

* Bring your appetite「食欲だけを持って来て→お腹すかせて来てください」

こんなふうに応じるホストもいますが、実際はクッキーやデザートを持っていく人が多いですね。

◆ **It's an open house. It starts at 2.**

（都合のいい時間に来て。ただし2時以降ね）

* open house「自宅を開放したパーティ」

open house はたいてい長時間（たとえば午後の2時から夜の9時まで）におよび、その間ならいつ顔を出してもいいし、いつ帰ってもいい。招待されていない友人を誘ってもいいし、家族を連れてくる人もいます。

「料理教室に通っています」

日本人が言いがちな英語

✕ I'm going to cooking classes.

ネイティブ流イングリッシュ

👍 I'm taking cooking classes.

　ここでは語と語の結びつき（collocation）に注目してください。「学校へ通う」は〈go to school〉ですが、「レッスンや教室に通う」は "take" という動詞を用います。この "take" は「選んで取る」から「（講座を）取る」という意味で使われるようになりました。

◆ **A：Are you taking any lessons?**

　　（何か習い事をしているの？）

　B：I'm taking cooking classes on Saturdays.

　　（毎週土曜日に料理教室に通っています）

◆ **A：What've you been doing in your free time?**

　　（暇なときは何をしているの？）

　B：I've been taking guitar lessons.

　　（このところギターを習いにいっているんだ）

◆ **A：Have you ever taken any lessons for adults?**

　　（大人になってから習い事を何かやった？）

　B：No, but I'd like to.

　　（ううん、でもやってみたいね）

　では、ここで問題です。

　あなたは「油絵のクラスに申し込んだ」をどう表現しますか。次の３つの中から選んでください。

> I (　　　　　　) an oil painting class.
> ① took　② signed up for　③ applied for

　①だと「油絵のクラスに通っていた」になってしまいます。③の〈apply for A〉は「A（職や許可など）を申し込む」で、とくに仕事に「応募する」、ローン（融資）・パスポート・ビザ・自動車免許証などを「申請する」ときに用います。

◆ I have to apply for a student visa.

（学生ビザを申請しなければならない）

　というわけで、正解は②です。「署名して入会する／参加の申し込みをする」ときは、〈sign up〉を用います。「名簿に名前を加える」（sign up）ことから、「登録する」（=register）とほぼ同じような使い方をします。大学・カルチャーセンター・スポーツジムなどの講座や教室に「申し込む」のは〈sign up〉を使うのです。

◆ I'd like to sign up for the 2:00 hot yoga class.

（２時のホットヨガ・クラスに申し込みたいのですが）

◆ If you want to take swimming lessons, you can sign up online.

（水泳教室を受講したければ、ネットで申し込んでください）

◆ The deadline to sign up for the event was last Friday.

（イベントの申し込みは先週の金曜日が締め切りでした）

「終わったあ！」

「できた！」とか「終わった！」と声をあげる場合、たいていの日本人は、

◆ **I have finished!**

　と言います。これは正しい英語です。

　しかし、ネイティブは、

◆ **Done!**（終わったあ！）

　と言うことがよくあるのです。〔**ダン**（ヌ）〕と発音します。

　この "done" は "do" の過去分詞形（＝形容詞）で、「終わった／仕上がった／済んだ」という意味です。

　ものごとに言及して〈It's done.〉、自分に関して〈I'm done.〉と言ったりしますが、〈Done.〉とだけ言うこともよくあります。

「もう終わったの？」なら、

◆ **Are you done yet?**

　になります。これも前半を省略して、

◆ **Done yet?**

　と言ってしまいます。

　レストランでも、ウェイトスタッフが、お皿をさげるとき、「お済みですか？」の言葉を添えますが、そのときのカジュアルな表現に Done?（お済みですか？）があります。

◆ **A：(Are you) Done?**

（お済みですか？）

B：(I'm) Done.

（はい）

　互いに "done" としか言っていませんが、Aは上げ調子で、Bは下げ調子で言います。

「まだ済んでいません」なら、

◆ **I'm not done yet.**

◆ **Not yet.**

　と応じます。

　食べ物が「調理できた／十分に煮えた（焼けた）」の意味でもよく用いられます。

◆ **The bread is done.**

（パンが焼けたよ）

◆ **Is the pasta done yet?**

（パスタはもう茹であがった？）

「……はもう終わった」と言いたい場合は、後ろに "with" をつけて、以下のように言います。

◆ **Are you done with this magazine?**

（この雑誌、もう読み終わった？）

◆ **I'm done with him.**

（彼とはもう終わったの）

◆ **Wait! I'm not done with that.**

（待って！ まだ終わってない）

　＊グラスや皿をさげようとしたウェイトスタッフに「まだ下げないで」と
　　言うときの表現です。

「ナスは今が旬です」

😊 Eggplants are suitable for eating now.

👍 **Eggplants are in season now.**

　野菜や果物が「旬である」をどう言いあらわしたらいいのでしょうか。

◆ **Eggplants are at their best now.**

　（ナスは今が旬です）

　＊at one's best「最高の状態で／最高水準で」

　このように言ってもいいのですが、以下の表現のほうが一般的です。

◆ **Eggplants are in season now.**

　season（最盛期／いちばん良い時期）という単語を使って、be in season（旬である／出盛りである）であらわすのです。

◆ **Sanma is in season in the fall.**

　（サンマは秋が旬です）

　＊「サンマ」は英語でsaury〔**ソーリ**〕とかPacific sauryと言いますが、日本の呼び名を好む人も数多くいます。

◆ **It is good for our health to eat what's in season.**

　（旬のものを食べるのは健康によい）

　逆に、「（食べものが）季節はずれで」なら、〈be out of season〉を使います。

◆ **Bamboo shoots are out of season at the moment.**

　（タケノコは今が旬ではありません）

　＊at the moment「今のところ／目下」

◆ **Fruits don't have as much flavor when they're out of season.**

（くだものは旬を過ぎると風味が落ちるね）

＊flavor〔フ**レ**イヴァ〕「味／味わい／風味」

ripe という形容詞を用いて言いあらわすこともできます。

◆ **This peach is ripe.**

（この桃はいまが食べごろだ）

＊ripe〔ゥ**ラ**イプ〕「熟した／食べごろで」

＊＝ This peach is ripe enough to eat.

また、not ripe（熟していない）は "green" で言い換えることができます。

◆ **This persimmon is still green.**

（この柿はまだ熟していない）

＊green「（果実などが）青い／熟していない」

日本語では、果実などが「熟していない」とか「青い」と言いますが、英語では「緑」をあらわす "green" を使います。比喩的に人に対しても用いられ、次の表現はよく耳にする言いまわしです。

◆ **You're still green.**

（おまえはまだ未熟だな）

green はまた、「（人が）未熟な／うぶな／ヒヨコで」の意味でも用いられるのです。

「日本がロシアに勝ったよ」

日本人が言いがちな英語

✗ Japan won Russia.

ネイティブ流イングリッシュ

👍 **Japan beat Russia.**

　ここではスポーツの試合や勝敗に関する表現を学びましょう。いちばんよくやるミスは、〔日本人が言いがちな英語〕に見えるように、"win" の後ろに人・国・チームなどの目的語をおいてしまうことです。

○ Japan won three matches in a row.

（日本は3連勝した）

＊in a row「連続して」

"win"は、目的語をとる場合と、とらない場合があります。とる場合は、試合・レース・競争などを目的語におきますが、人・国・チームなどの競争相手を目的語にとることができません。

○ I hope Japan wins.

（日本が勝つといいですね）

○ I hope Japan wins the game.

（日本がその試合に勝つといいですね）

　目的語に人・国・チームをとる場合は、beat（……に勝つ／……を打ち負かす）という動詞を用います。

✗ I hope Japan wins Russia.

○ I hope Japan beats Russia.

（日本がロシアに勝つといいですね）

"beat"は、過去形も"beat"です。

◆**Japan beat Russia 5-2.**

(日本はロシアに5対2で勝った)

＊5-2は〔five to two〕と読みます。

"beat"はまた、defeat（負かす／打ち破る）で言い換えることもあります。「ベイスターズはジャイアンツに勝った」はどちらを使ってもＯＫです。

◆**The BayStars beat the Giants.**

◆**The BayStars defeated the Giants.**

では、「負ける」はどうあらわしたらいいのでしょうか。

"lose"は「試合に負ける／試合を落とす」の意味で、lose a game / lose a match と言えても、人・国・チームを目的語にはとれないのです。

○ She lost the final match.

(彼女は決勝戦で負けた)

では、「A（人や相手チーム）に負ける」は、どんなふうに言いあらわしたらいいのでしょうか。「彼女はティナに負けた」を英訳してみましょう。

✕ She lost Tina.

○ She lost to Tina.

○ She was beaten by Tina.

このように、〈lose to A〉か〈be beaten by A〉のどちらかを使います。

「彼女は警察官です」

(日本人が言いがちな英語)

✗ She is a policeman.

(ネイティブ流イングリッシュ)

👍 She is a police officer.

　世界3大映画祭のひとつであるベルリン国際映画祭は、最優秀男優賞（Best Actor award）と最優秀女優賞（Best Actress award）を廃止して、男女の区別がない最優秀主演俳優に対する銀熊賞（Silver Bear for Best Leading Performance）をもうけました。監督（directors）や脚本家（screenwriters）の賞と同様に、演技の賞も性別で分けられるべきではないというのがその理由です。主催者側はまた、これが「映画業界が性別についての問題意識を高めるきっかけになる」と考えたようです。

　gender（社会的な性）と sex（生物学的な性）は分けて考える必要があり、また gender-neutral（性的に中立な／男女の区別をしない／ジェンダーニュートラルな）という単語は、ジェンダー平等（gender equality）の社会を論じるうえで欠かせないものです。

　一般に、差別的な言動を避けようとする状態のことを politically correct（政治的に正しい）と呼びますが、gender-neutral language（男女の区別を意識させない言葉）はかなり定着してきたようです。

　たとえば、policeman（男性警官）は police officer（警官）と呼ぶようになり、あえて「男性の警官」という必要があるときは "male police officer" と呼ぶようになりました。

- stewardess → flight attendant / cabin crew member (客室乗務員)
- fireman → firefighter（消防士）
- chairman → chair / chairperson（議長）
- waitress → server（接客係）

　日本でも「差別」に対する意識が高まってきました。「障害者」を「障がい者／障がいを持った人」と表記したり、「体が不自由な人」と呼ぶことが多くなりました。

　英語でも以前は、handicapped person（日本語の「障害者」といったニュアンス）と言っていましたが、だんだん使われなくなりました。その代わりに disabled（身体に障がいのある）という単語が用いられるようになりましたが、"a disabled person" よりも〈a person with a disability / a person with disabilities〉のように、人（person / people）を先に言うのがよいとされています。

◆ **The Paralympics are smashing the stereotypes about people with disabilities.**

　（パラリンピックは、障がいのある人の固定観念を打破しつつある）

　＊stereotype「固定観念／ステレオタイプ」

　なかには physically challenged（身体に困難を抱えている）という単語を用いたほうが適切であるとして、この表現を推奨している人もいます。

「外はサクッ、中はふんわり」

日本人が言いがちな英語

✕ Dry outside, soft inside.

ネイティブ流イングリッシュ

👍 Crispy outside, fluffy inside.

　みなさんは、sweet（甘い）/ bitter（苦い）/ salty（しょっぱい）/ spicy（スパイシー）/ sour（酸っぱい）/ oily [greasy]（油っこい）/ juicy（ジューシー）/ hot（辛い）などをすでにご存じでしょう。

　dry（しっとり感がない／辛口で）は一般に、トーストにバターやジャムなどを「何も塗っていない」の意味で使われます。ワイン、シェリー、マティーニなどが「辛口で」の意味で用いられることもあります。

　"soft"はsoft foods（柔らかい食べ物）に見えるように、ただ「柔らかい」であって、ふんわり感はないので、ここではふさわしい表現とは言えません。

　それでは、食感（texture）や味覚（taste）をあらわす表現を見ていきましょう。

◆ **It's crispy.**（カリカリ／パリパリ／サクサク）

　＊〔クリスピ〕と発音します。ベーコンやトーストなどの食感に使われます。

◆ **It's fluffy.**（ふわふわ）

　＊〔フラッフィ〕と発音します。空気を含んだ蒸しパンやパンケーキなどに対して用いられます。

　次の5つも覚えましょう。

◆ **It's crusty.**（パリパリ／パリッとしている）

＊〔クラスティ〕と発音します。crust（パンの皮）から想像できるように、パンの表面の固い部分を指して用いられます。

◆ **It's crunchy.**（ボリボリ／シャキシャキ）

＊〔クランチィ〕と発音します。スナック菓子などによく使われます。また、キャベツやキュウリなどの野菜にも使われます。

◆ **It's chewy.**（モチモチ／歯応えがある）

＊餅やグミなどに使われます。肉に対して使うと「固くて食べにくい」というニュアンスがあります。

◆ **It's plump.**（プリプリ）

＊子どもや女性の体型に言及するときは「ぽっちゃりとした／ふくよかな」になりますが、くだもの・鶏・小籠包（soup dumpling）に対して使われると「プリプリした／肉づきのよい」といった意味になります。

◆ **It's flaky.**（サクサク／ほろほろ）

＊〔フレイキィ〕と発音します。コーンフレークやミルフィーユのパイ生地などに用いられます。

◆ **It's sticky.**（べとべと）

＊〔スティッキィ〕と発音します。アメやメープルシロップなどに対して用います。納豆の「ネバネバ」は糸を引くので、stringy（ネバネバしている）が適しています。

◆ **It's stale.**（ぱさぱさしている／乾燥している／新鮮さがない）

＊〔ステイル〕と発音します。鮮度が落ちて乾燥して固くなり、場合によっては腐りかけているものに対して使われます。ビールなどが「気が抜けた」の意味でも用いられます。

「彼らは相性がよくなかった」

😌 Their personalities didn't match.
👍 **They weren't compatible.**

〔日本人が言いがちな英語〕にあるようにTheir personalities didn't match.（彼らの性格は合わなかった）と言っても間違いではありません。ちゃんと伝わります。

さて、「相性がよい」とか「ソリが合う」と聞いて、真っ先に私の頭に浮かぶのは〈hit it off〉というイディオムです。

◆ **He didn't hit it off with the new boss.**

（彼は新しい上司とうまくソリが合わなかった）

＊hit it off with A「Aと仲よくやる／Aとウマが合う」

次に思いつくのは〈get along〉という言いまわし。これは日本の大学入試における頻出熟語なので、ご存じの読者も多いのではないでしょうか。

◆ **Are you getting along with your new boss?**

（今度のボスとはうまくやってるかい？）

＊get along with A「Aとうまくやっていく」

それが、初対面から「気が合う」とか「意気投合する」というニュアンスになると "click" という動詞が頭に浮かびます。

◆ **They really clicked when they met at the party.**

（彼らはパーティで出会って意気投合した）

＊click「（すぐに）仲よくなる」（「カチっと音を立てる」→「ピンとくる」
　→「意気投合する」）

では、「相性が合わない」はどうか。

まず、"incompatible" という形容詞を思いつきます。〔インクンペアティブォ〕と発音します。使いこなしている人をあまり見かけませんが、日常会話においてたいへんよく使われている単語です。

"incompatible"は〈not compatible〉のこと、つまり「折り合いが悪い／（性格が）一致しない」という意味でよく用いられるのです。

◆ **They weren't compatible.**（彼らは相性が悪かった）

　＊=They were incompatible.

"incompatible"の名詞形は"incompatibility"です。この単語は「不適合性／非両立性」ですが、人間関係においては、おもに「（夫婦や恋人同士の）性格の不一致」の意味で用いられます。〔インクンペアティビリティ〕と発音します。

◆ **The cause of their divorce was incompatibility.**
（二人の離婚の原因は性格の不一致だ）

◆ **They divorced each other on the grounds of incompatibility.**

（性格の不一致が原因で彼らは離婚した）

　＊on the grounds of A「Aを理由にして／Aを根拠にして」

さらには、モノの相性についても使えます。

◆ **This printer is incompatible with my computer.**

（このプリンター、僕のパソコンと相性がよくないんだ）

「ポジティブに考えよう」

日本人が言いがちな英語
😅 Think positively.

ネイティブ流イングリッシュ
👍 **Think positive.**

　happy（幸せな）と happily（幸せに）の関係に見えるように、たいていの場合、形容詞に -ly がつくと副詞ができあがります。

　読者のみなさんは、〈Think different.〉というアップルのうたい文句をあちこちで見かけたことがあるでしょう。売り上げや企業イメージでマイクロソフト社に大きく水をあけられていたアップル社はスティーブ・ジョブズを復帰させると、立て直しの一環として「Think different キャンペーン」をおこないました。アインシュタイン、ガンジー、ピカソ、ジョン・レノン、マイルス・デイヴィス、モハメド・アリなど、社会と意識に変革をもたらした偉人たちが映しだされる白黒の画面に「クレイジーな人たちに祝杯をあげよう」（Here's to the crazy ones.）で始まるナレーションが流れました。クレイジーな人たちが、ものごとを変え、人類全体を前に押しすすめるのだと高らかに宣言し、アップル社は、次のようなスローガンを世界に向けて放ったのでした（1997 年）。

◆ **Think different.**

　（発想を変えるんだ）

　この "different" は副詞と考えることができます。"Think differently." と同じ意味ですが、固定観念にとらわれず、見方を変えてものごとを見つめようとしたアップルの戦略はここで

も効を奏しました。その影響はすさまじく、いまでは〈Think different.〉のほうがなじみのある言い方になっています。

みなさんは "flat adverb" という言葉を聞いたことがありますか。文法用語でいう「単純形副詞」です。もともと副詞は、形のうえでは形容詞との区別がありませんでした。多くの副詞が形容詞に -ly をつけて形容詞から分離しましたが、言いやすさや慣用から、-ly のついた副詞よりも単純形副詞のほうを優先して用いるものがあるのです。

◆ Take it easy.

（まあ落ち着けよ）

この "easy" も副詞で、「ゆっくりと／気楽に／安心して」といった意味で用いられています。形容詞 "easy" の副詞は "easily" であると学校で教わったでしょうが、〈Take it easy.〉の "easy" を "easily" とすることはありません。慣用を優先しています。

smart（賢い）はどうでしょうか。smartly（賢く）という副詞もあれば、smart（賢く）という副詞もあります。

◆ Think smart.

（賢く考えよう）

これを "Think smartly." としてもいいのですが、ネイティブは〈Think smart.〉のほうを自然な英語と感じるでしょう。

◆ Think positive.

（前向きに考えよう）

もちろん "Think positively." としても意味は伝わるでしょうが、〈Think positive.〉のほうがナチュラルに感じられます。

「ああ、面倒くさい！」

日本人が言いがちな英語

✗ What a trouble!

ネイティブ流イングリッシュ

👍 What a pain!

「面倒くさい」と感じたら、まず"pain"という単語を使って表現してみましょう。〈a pain (in the neck)〉はもともと「首の痛み」ですが、「面倒なこと／煩わしいこと／うんざりさせるもの」の意味になりました。

◆ **It's a pain.** （面倒くさい）

感嘆文にして次のように言うこともよくあります。

A：We have to sort these.

（これらを全部仕分けるのよ）

B：What a pain!

（ああ、面倒くさい！）

＊sort A「Aを整理する／Aを仕分ける」

＊「……するのが面倒くさい」なら、〈It's a pain to *do*.〉や〈 *...ing* is a pain.〉というフレーズを使いましょう。

◆ **It's a pain to walk there.**

（そこまで歩くのはおっくうだ）

◆ **I love cooking, but washing the dishes is a pain.**

（料理は大好きだけれど、皿洗いは面倒くさい）

人に対して使われることもあり、その場合は「やっかい者／悩みのタネ」の意味になります。

◆ **Kate is a pain in the neck.**

（ケイトは面倒くさい女だ）

＊スラングではa pain in the ass（ケツの痛み）／ a pain in the butt（お尻の痛み）と表現することもありますが、やはり"ass"や"butt"の代わりに"neck"を使うのが無難です。

あるいは、bother（面倒くさいこと／やっかいなこと）という単語を用いて表現することもできます。

◆ **It's too much of a bother.**

（ほんとうに面倒くさい）

＊= It's too much trouble.（「手数がかかって面倒」の意味での"trouble"は「不可算名詞」扱いをします）

◆ **It's a bother to go out now.**

（いまから出かけるのは面倒くさいなあ）

◆ **Responding to complaints is a bother.**

（クレーム対応は面倒くさい）

＊complaint「不平／クレーム／愚痴」

形容詞として使う場合は、troublesome（面倒な／やっかいな）を使うことをおすすめします。

◆ **Separating out different types of waste is troublesome.**

（種類の異なるゴミを分別するのは面倒だ）

◆ **This is a troublesome task.**

（これはやっかいな仕事だな）

◆ **It's troublesome to have to commute two hours a day on a crowded train.**

（往復2時間を満員電車に揺られて通勤するのは面倒だ）

＊commute「通勤する／通学する」

青春新書
INTELLIGENCE

こころ涌き立つ「知」の冒険

いまを生きる

"青春新書"は昭和三一年に――若い日に常にあなたの心の友として、その糧となり実になる多様な知恵が、生きる指標として勇気と力になり、すぐに役立つ――をモットーに創刊された。

そして昭和三八年、新しい時代の気運の中で、新書"プレイブックス"にその役目のバトンを渡した。「人生を自由自在に活動する」のキャッチコピーのもと――すべてのうっ積を吹きとばし、自由闊達な活動力を培養し、勇気と自信を生み出す最も楽しいシリーズ――となった。

いまや、私たちはバブル経済崩壊後の混沌とした価値観のただ中にいる。その価値観は常に未曾有の変貌を見せ、社会は少子高齢化し、地球規模の環境問題等は解決の兆しを見せない。私たちはあらゆる不安と懐疑に対峙している。

本シリーズ"青春新書インテリジェンス"はまさに、この時代の欲求によってプレイブックスから分化・刊行された。それは即ち、「心の中に自らの青春の輝きを失わない旺盛な知力、活力への欲求」に他ならない。応えるべきキャッチコピーは「こころ涌き立つ"知"の冒険」である。

予測のつかない時代にあって、一人ひとりの足元を照らし出すシリーズでありたいと願う。青春出版社は本年創業五〇周年を迎えた。これはひとえに長年に亘る多くの読者の熱いご支持の賜物である。社員一同深く感謝し、より一層世の中に希望と勇気の明るい光を放つ書籍を出版すべく、鋭意志すものである。

平成一七年　　　　　　　　　　　　　　　刊行者　小澤源太郎

著者紹介

キャサリン・A・クラフト 〈Kathryn A. Craft〉

アメリカ・ミシガン州で生まれ、オハイオ州で育つ。ボーリング・グリーン州立大卒。1985年、南山大学の交換留学生として来日。現在、オンラインマガジン『ET PEOPLE!』を発行するかたわら、通訳、翻訳家、英語講師としても活躍。主な著書に『日本人が言えそうで言えない英語表現650』(小社刊)、『朝から晩までつぶやく英語表現200』『そのまま仕事で使える英語表現189』(いずれもちくま新書) などがある。

里中哲彦 〈さとなか てつひこ〉

河合塾教育研究開発本部研究員。著書に『そもそも英語ってなに?』(現代書館)、『英語ミステイクの底力』(プレイス)、『英文法の魅力』(中公新書) など多数。

ネイティブにスッと伝わる
英語表現の言い換え700

青春新書
INTELLIGENCE

2023年10月15日　第1刷

著　者　キャサリン・A・クラフト
編訳者　里中哲彦
発行者　小澤源太郎

責任編集　株式会社プライム涌光

電話　編集部　03(3203)2850

発行所　東京都新宿区若松町12番1号　〒162-0056　株式会社青春出版社

電話　営業部　03(3207)1916　振替番号　00190-7-98602

印刷・中央精版印刷　製本・ナショナル製本
ISBN978-4-413-04681-7
©Kathryn A. Craft 2023 Printed in Japan

こころ涌き立つ「知」の冒険！

青春新書 INTELLIGENCE

お願い

ページわりの関係からここでは一部の既刊本しか掲載してありません。折り込みの出版案内もご参考にご覧ください。

青春新書インテリジェンス 話題の書

日本人が言えそうで言えない
英語表現650

キャサリン・A・クラフト

里中哲彦[編訳]

「ああ、びっくりした!」「ピザが食べたいなあ」
「ほんとうに楽しかった」「懐かしいなあ」……

決め手は動詞!
日本人の英語発想からはなかなか出てこない、
ネイティブに通じる英語表現、教えます。

ISBN978-4-413-04655-8　980円